F.G. IMHOFF/L.PRANGER DAS IST SCHNELLES SEGELN

FRED G. IMHOFF / LEX PRANGER

ZEICHNUNGEN ROBBERT DAS / FOTOS THEO KAMPA

Das ist schnelles Segeln

DER WEG ZUM OPTIMALEN BOOT

VERLAG DELIUS, KLASING+CO BIELEFELD

3. Auflage 1979

ISBN 3-7688-0190-X
© 1976 by
United Nautical Publishers, Basel
Deutsche Übersetzung: Kai Krüger
Druck: Gráficas Estella, S.A.
Printed in Spain 1978
D.L.: NA - 842-1978
Die Rechte für die deutsche Ausgabe
liegen beim Verlag
Delius, Klasing & Co, Bielefeld

Vorwort

Dies ist ein Handbuch für alle Regatta- und Fahrtensegler, die aus ihrem Boot mehr herausholen wollen — für alle, die den Trimm, das Decks-Layout oder die Ausrüstung verbessern möchten.

Alle Seiten des Bootstrimms sind in einem klaren und logischen Aufbau nacheinander dargestellt. Theoretische Erörterungen wurden dabei so weit wie möglich vermieden. Statt dessen zeigen Illustrationen auf den ersten Blick, was gemeint ist. Die Empfehlungen, die dieses Buch dem Leser gibt, beruhen auf praktischen Erfahrungen. Denn Erfahrung ist der beste Lehrmeister.

Jeder Segler kann die Geschwindigkeit seines Bootes verbessern. Das ist gar keine Zauberei. Die meisten Trimmprobleme lassen sich ganz leicht lösen. Selbst der begabteste Segler mußte von der Pieke auf lernen, wie man ein Boot perfekt trimmt und wie man die größtmögliche Geschwindigkeit aus dem Boot herausholt. Die Praxis zeigt immer wieder, daß der optimale Trimm eine Sache des logischen Denkens ist. Er läßt sich Schritt für Schritt aufbauen.

Das Buch orientiert sich an der Praxis. Es soll den Leser durch das Labyrinth der Möglichkeiten führen, Trimm und Geschwindigkeit eines Bootes zu optimieren. Sein Aufbau läßt sich am besten an einem Beispiel erläutern.

Nehmen wir einmal an, ein Boot läuft eine zufriedenstellende Geschwindigkeit, aber keine Höhe. Was ist zu tun? Wir schlagen das Kapitel „An der Kreuz" auf und finden dort gleich als erstes den Abschnitt „Die Höhe am Wind". Nehmen wir ferner an, wir kommen nach Überprüfung aller Möglichkeiten zu dem Ergebnis, die Ursache für die mangelnde Höhe liegt in einer zu starken seitlichen Biegung des Mastes. Also schlägt man im Kapitel „Der Mast" nach und findet im Abschnitt „Seitliche Mastbiegung" Hinweise auf sämtliche Möglichkeiten, die seitliche Biegung des Mastes zu verringern.

Die Autoren erheben nicht den Anspruch, in diesem Buch alle Trimm-, Ausrüstungs- oder Layout-Fragen erfaßt zu haben, von denen die Geschwindigkeit eines Bootes abhängt. Das Thema ist so umfangreich, daß man es unmöglich mit all seinen einzelnen Aspekten geschlossen darstellen kann. Wir haben uns statt dessen auf die wichtigsten und am häufigsten auftretenden Probleme konzentriert und uns mit diesen ausführlich auseinandergesetzt.

Inhaltsverzeichnis

Rumpf und Rigg

Der Rumpf

Behandlung der Außenhaut

Voraussetzung für ein schnelles Boot ist natürlich ein schneller Rumpf. Ein Rumpf also, der optimal in die Toleranzen gebaut wurde, der so steif wie möglich ist und der eine perfekte Außenhaut hat.

Unter diesen drei Geschwindigkeits-Faktoren ist die Beschaffenheit der Außenhaut von sehr großer Wichtigkeit. Und die hängt ausschließlich vom Eigner ab.

Der Gesamtwiderstand des Rumpfes läßt sich unterteilen in Form- und Reibungswiderstand. Der Formwiderstand läßt sich insbesondere in Einheitsklassen vom Eigner kaum beeinflussen, höchstens durch eine Verringerung des Sogs am Spiegel (siehe Seite 5). Wer hingegen den Reibungswiderstand so niedrig wie möglich halten möchte, sollte daran denken, daß Leistung vor Schönheit geht. Die Betonung sollte also immer auf der Leistung liegen.

Stellen wir uns zum Beispiel ein bildhübsch naturlackiertes Boot vor. Es wird einem farbig lackierten Boot immer etwas unterlegen sein. Denn erstens wird seine Oberfläche nicht ganz so spiegelglatt sein, weil Spachtel seine ganze Schönheit zerstören würde. Zweitens lassen sich, aus dem gleichen Grund, leichtere Schäden und tiefe Schrammen nicht mit Kunststoff-Spachtel auffüllen und wieder glattschleifen.

Eine reibungsarme Oberfläche ist so glatt, daß sie keinerlei Turbu-

lenzen mehr hervorruft, aber doch noch mikroskopisch rauh genug, um einen ganz dünnen Wasserfilm an sich zu binden. Dieser dünne Wasserfilm sorgt dafür, daß die eigentliche Reibung nur zwischen Wasserschichten stattfindet und dadurch an der unteren Grenze bleibt. Ein wunderschön lackierter oder gespritzter Hochglanz-Rumpf stößt das Wasser jedoch ab. Dadurch kommt es zu einer direkten Reibung zwischen der Farbschicht und dem angrenzenden Wasser. Diese Reibung ist größer als zwischen benachbarten Wasserschichten.

Dies trifft auch auf Hochglanz-Kunststoffrümpfe zu. Hier kommt es zu einer ähnlichen direkten Reibung zwischen der Gelcoat-Schicht des Kunststoff-Laminats und dem Wasser.

Um eine optimale Außenhaut zu erzielen, schleift man den Rumpf sowohl unter wie über Wasser am besten mit 400er Naßschliff. Niemals sollte ein schneller Rumpf mit Autowachs, Silikonwachs oder anderen wasserabweisenden Poliermitteln behandelt werden.

Es ist allgemein bekannt, daß der Delphin im Wasser auf hohe Geschwindigkeiten kommt und seine Haut an der Oberfläche eine Schleimschicht aufweist, die einen dünnen Wasserfilm an sich bindet. Auch hier findet die Reibung also nur zwischen benachbarten Wasserschichten statt und ist deshalb gering.

Ferner ist es außerordentlich wichtig, daß die Außenhaut absolut fettfrei ist. Man hält sie fettfrei, indem man sie entweder ganz leicht mit 400er Naßschliff behandelt oder mit einem ganz gewöhnlichen Waschmittel säubert.

Sie können die Güte der Außenhaut selbst prüfen. Lassen Sie ein-

fach einen Eimer Wasser über die Außenhaut abfließen. Bleiben Tropfen stehen, dann stößt sie Wasser ab. Breitet sich das Wasser hingegen in einem hauchdünnen Film aus, dann haben Sie eine schnelle Außenhaut.

Die Zeichnungen zeigen stark vergrößert drei verschiedene Oberflächen, die von Wasser angeströmt werden.

In der oberen Zeichnung wird eine rauhe Oberfläche gezeigt, an der sich Wirbel und Turbulenzen im Wasser bilden. Das verzehrt Energie und führt zu einem erhöhten Reibungswiderstand.

In der Mitte sehen Sie eine glatte, aber wasserabweisende Oberfläche. Das muß nicht unbedingt an Wachs oder Fett liegen. Die Oberfläche kann auch in sich einfach zu glatt sein. Luftblasen, die an dieser Oberfläche haften, führen zu Turbulenzen und damit zu einer Vergrößerung der ohnehin schon starken Direktreibung zwischen der Oberfläche und dem Wasser.

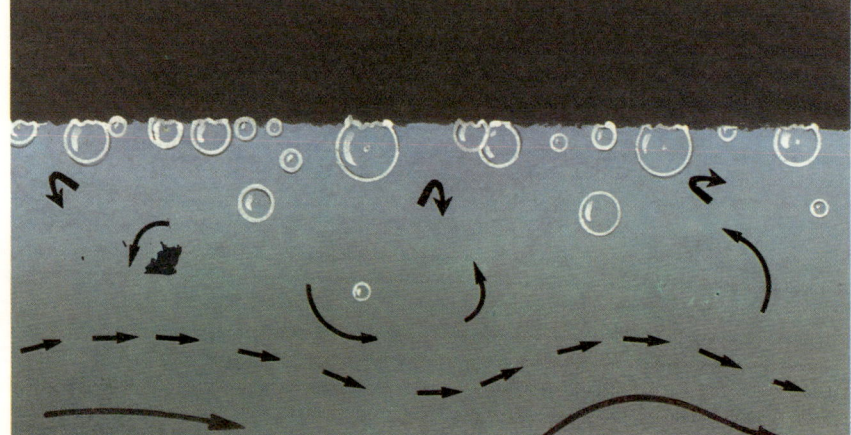

Auf der unteren Zeichnung wird die ideale Oberfläche dargestellt. In einer ganz feinen Körnung wird ein dünner Wasserfilm gehalten, der fast schon zum Rumpf gehört und von der Außenhaut mitgeführt wird. Die nacheinander angrenzenden, mikroskopisch dünnen Wasserschichten bewegen sich nach und nach schneller an der Außenhaut entlang, bis das Wasser in wenigen Millimetern Abstand vom Rumpf seine volle Geschwindigkeit erreicht. Es kommt also nur zwischen Wasserfilmen zu einer Reibung, und die ist viel geringer als zwischen Wasser und Farbe.

Die ideale Oberfläche für kleinere Boote hat eine Körnung von 0,005 mm. Eine solche Oberfläche erzielt man mit 400er Naßschliff-Papier.

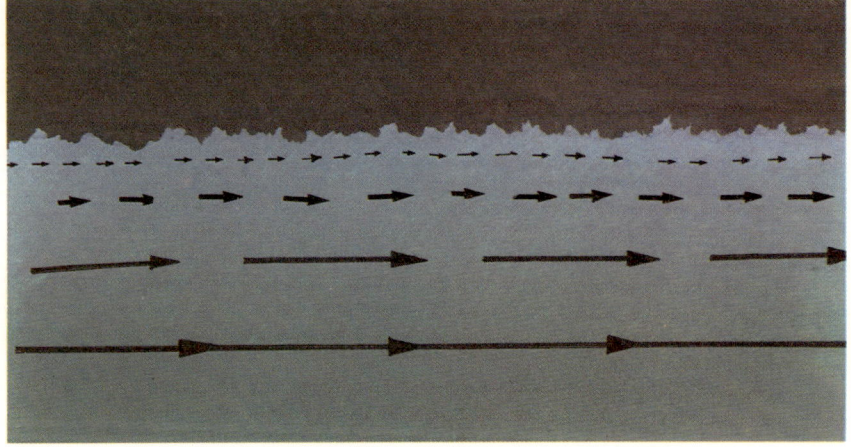

Die nebenstehende Grafik beruht auf einer großen Zahl von Schlepptank-Untersuchungen. Sie zeigt, wie groß die Reibungswiderstände (D) der drei eben behandelten Oberflächen-Arten in Abhängigkeit von der jeweiligen Bootsgeschwindigkeit (V/KN) sind.

Die Kurve A stellt die rauhe Oberfläche dar. Kurve B zeigt die glattpolierte, wasserabweisende Oberfläche und Kurve C die nahezu ideale Oberfläche mit der optimalen Körnung.

Die Kurven zeigen klar, daß die Unterschiede der Reibungswiderstände mit zunehmender Geschwindigkeit immer größer werden. Denn der Widerstand wächst im Gegensatz zur linear ansteigenden Geschwindigkeit im Quadrat. Deshalb wollen schnelle Boote, insbesondere Gleitboote, mit aller Sorgfalt behandelt werden.

Vergessen Sie nicht, sich um den ganzen Rumpf und nicht nur um das Unterwasserschiff zu kümmern. Wenn das Boot krängt oder im Seegang segelt, fließt das Wasser überall, möglicherweise auch an Deck.

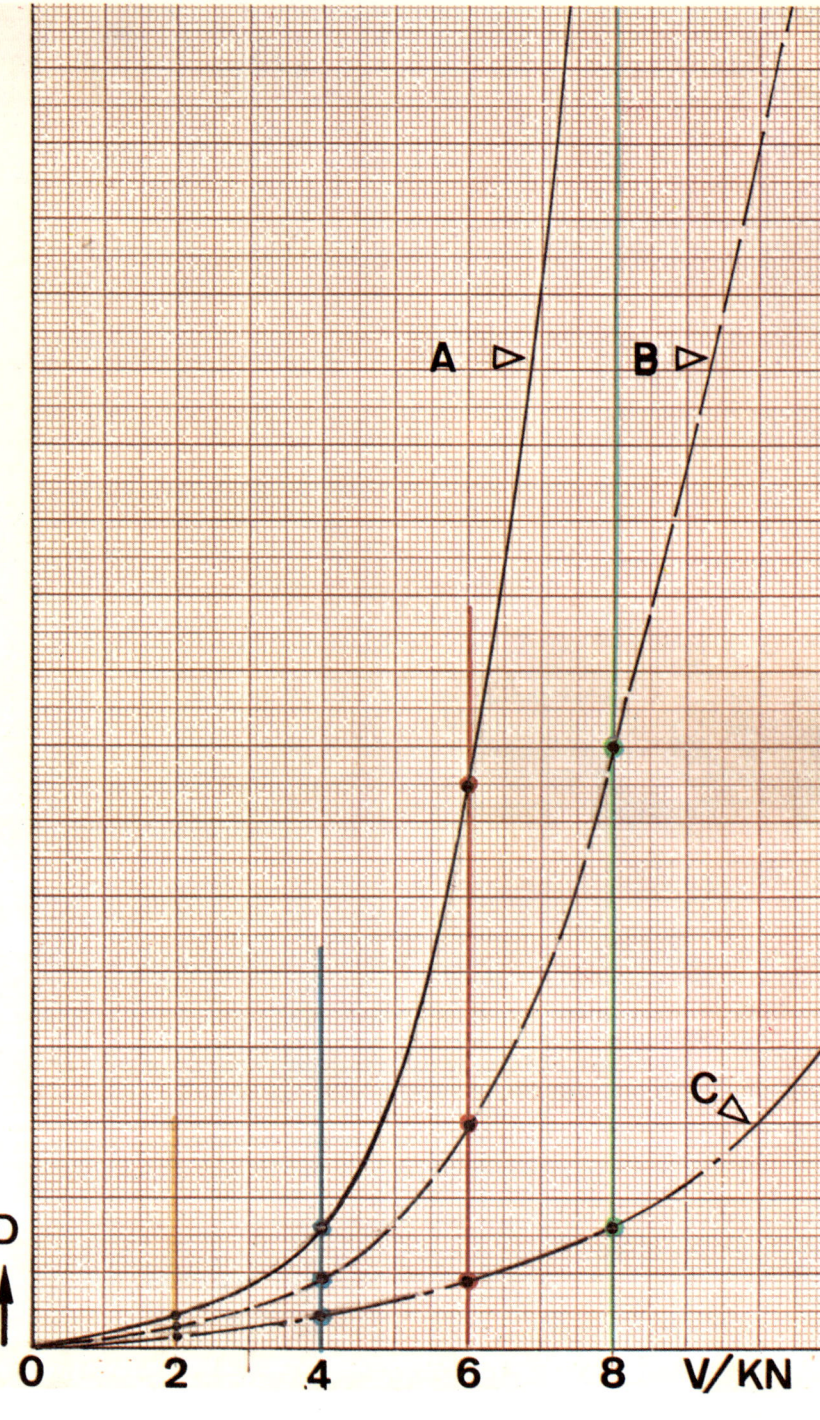

Formwiderstand des Rumpfes

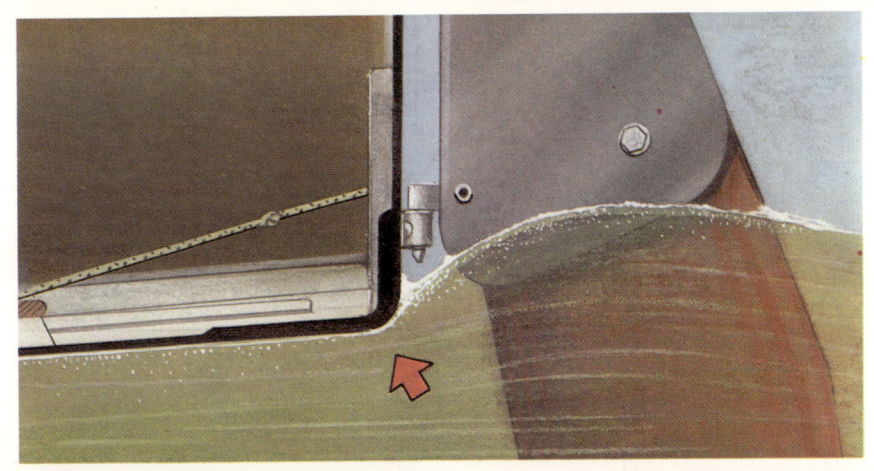

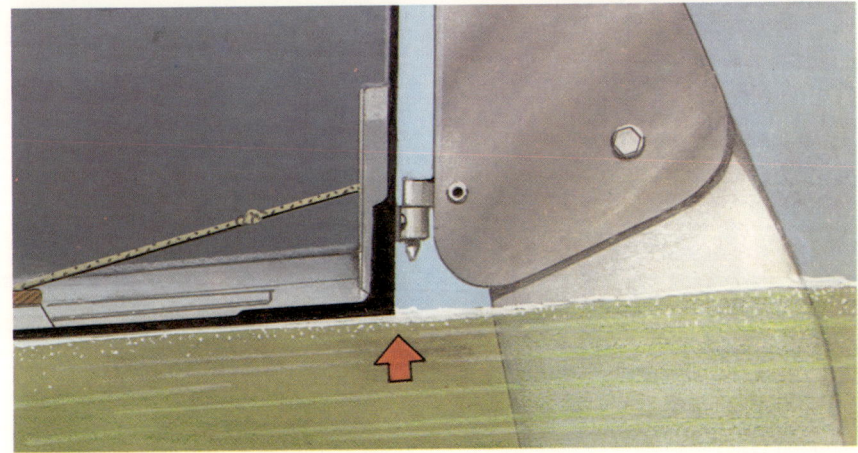

Die andere Hauptkomponente des Rumpfwiderstandes im Wasser ist abhängig von der Rumpfform. Und an der kann man in den meisten kleineren Bootsklassen weder vorher noch nachher viel ändern. Es gibt aber einige scheinbar unwichtige Details, die doch erstaunlich viel ausmachen. So lohnt es sich auf jeden Fall, Scheuerleisten, Lenzventile und Kielbänder so sauber wie möglich einzuarbeiten. Auch am Schwertschlitz und seinen Dichtungsgummis kann man viel machen, um den Widerstand des Bootes im Wasser zu verringern.

Einen häufigen Fehler kann man an der Kante zwischen Spiegel und Unterwasserschiff beobachten. Ist diese Kante abgerundet, so kann das unter dem Rumpf hervorschießende Wasser am Spiegel emporlecken und dort einen spürbaren Sog verursachen (siehe obere Zeichnung). Außerdem bildet sich dann hinter dem Heck eine Welle, die mitgeschleppt wird, Energie verzehrt und als Bremse wirkt.

Manchmal ist diese Rundung bereits in der Bauform. Oft entsteht sie aber auch aus Unachtsamkeit beim Schleifen des Unterwasserschiffes oder durch Beschädigungen beim Aufsetzen mit dem Spiegel.

Der Spiegel muß unten eine saubere Abrißkante haben. Je schärfer die Kante ist, desto besser reißt das Wasser ab. Wo die Klassenvorschriften dies erlauben, sollte man an der Kante einen Streifen aus hartem Material, beispielsweise ein Metallband, einarbeiten und scharfkantig feilen. Dann kann das Wasser nicht mehr um die Ecke herum den Spiegel hochkriechen, sondern fließt sauber ab und bildet nur eine flache, weiche Heckwelle. Auch bleibt der Ruderkopf dann oberhalb der bremsenden Strömung.

Es lohnt sich also wirklich, sich regelmäßig um die Spiegel-Unterkante zu kümmern. Sie ist gerade beim Zuwasserlassen sehr gefährdet.

Schwert- und Ruderblatt-Profile

Den üblichen Profil-Querschnitt eines Schwertes oder eines Ruderblattes sehen Sie nebenstehend auf Zeichnung 1. Das Profil läuft in einer scharfen, sauber ausgezogenen Achterkante aus. Aber ein Schwert bewegt sich nicht genau vorwärts durchs Wasser. Es hat einen kleinen Anstellwinkel, der von der Abdrift des Bootes abhängt und auf der Unterdruckseite Turbulenzen hervorruft. Ein asymmetrisches Profil würde weitaus idealer sein, doch es läßt sich aus praktischen Gründen nicht verwirklichen.

In jüngster Zeit durchgeführte Versuche an der Technischen Hochschule im holländischen Delft haben jedoch gezeigt, daß sich eine Verbesserung der Situation erzielen läßt. Schneidet man die fein ausgezogene Achterkante des Profils so ab, daß sie noch 2 bis 3 Millimeter breit und dabei scharfkantig ist, dann hält sich die Strömung an der Unterdruckseite und reißt erst weiter hinten ab. Das reduziert die Reibung. Ein weiterer Vorteil besteht darin, daß eine so gestutzte Achterkante nicht so empfindlich ist.

Die Stärke des Profils ist nicht so entscheidend. Seine stärkste Stelle sollte jedoch am Ende des ersten Drittels von vorn liegen. Die Vorderkante des Profils sollte nicht scharf, sondern rund sein, mit einem kleinen Radius. Ideal ist das Profil einer Parabel.

Für das Ruderblatt gilt das gleiche. Allerdings sollte die Achterkante des Blattes im Bereich der Wasserlinie so scharf wie möglich ausgezogen sein.

An sich sollte eine Platte, die gerade durch das Wasser bewegt wird, so dünn wie möglich sein, je

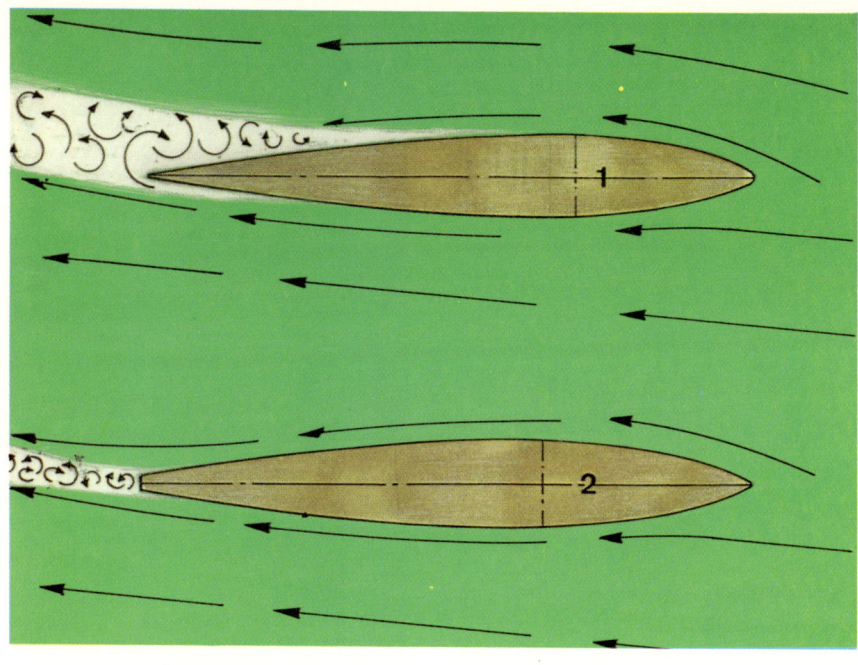

schneller, desto dünner. Aber Schwerter haben immer einen Anstellwinkel und sind am Wind verhältnismäßig langsam. Deshalb ist, mit Ausnahme schneller Katamarane, die maximal erlaubte Profilstärke meist auch die vorteilhafteste.

Ruderblätter weisen häufig einen noch größeren Anstellwinkel auf, vor allem bei rauhem Wetter, wenn harte Ruderbewegungen nötig sein können. Deshalb können dickere und gröbere Profile, von denen die Strömung nicht so leicht abreißt, hier besser sein.

Die Reibung wächst im Quadrat zum Oberflächendruck. Weil Schwerter und Ruderblätter unter erhöhtem Oberflächendruck arbeiten, müssen ihre Flächen noch sorgfältiger behandelt werden als die Außenhaut des Rumpfes.

Auch auf die Farbe kommt es an. Am besten werden sie weiß gestrichen. Dann läßt sich leichter

feststellen, ob sie dreckig geworden sind oder Seegras sich an ihnen verfangen hat. Auch reflektiert weiß das Sonnenlicht am besten, so daß weiße Schwerter und Ruderblätter sich in der Sonne nicht so leicht verziehen wie dunkle.

Das obere Ruder (Zeichnung rechts) ist schlecht konstruiert. Die Befestigungsstange ragt tief ins Wasser hinein. Der ganze Ruderkopf sitzt viel zu tief. Vor- und Unterkante sind vierkantig gearbeitet. Der Übergang zwischen Unter- und Achterkante dagegen ist nach oben abgerundet, was den Sog und die Heckwelle erhöht, wie beim Spiegel. Der Ruderblatt-Hochholer ist unter Wasser angeschlagen und verursacht zusätzlichen Wasserwiderstand. Das Profil des Ruderblattes ist schlecht, vor allem an der Achterkante im Bereich der Wasserlinie.

Sehen Sie sich dagegen das untere Ruder an. Die Unterkante des Spiegels ist scharfkantig. Der ganze Ruderkopf ist so hoch wie möglich am Spiegel angebracht und taucht nicht ins Wasser. Für den Fall, daß dies im Seegang doch einmal geschieht, ist er so strömungsgünstig wie möglich gearbeitet, vorn und unten rund, hinten scharfkantig abgeschnitten. Der Ruderblatt-Hochholer ist weit über dem Wasser angeschlagen. Die Achterkante des Blattes ist sauber abgeschnitten und im Bereich der Wasserlinie extrem fein auslaufend gearbeitet.

Wo immer die Klassenvorschriften dies erlauben, sollte die ganze Rudereinheit, das Blatt, der Kopf und die Pinne, aus einem Stück gearbeitet sein. Dann spart man Gewicht, erzielt eine höhere Festigkeit und vermeidet loses Spiel zwischen den einzelnen Teilen.

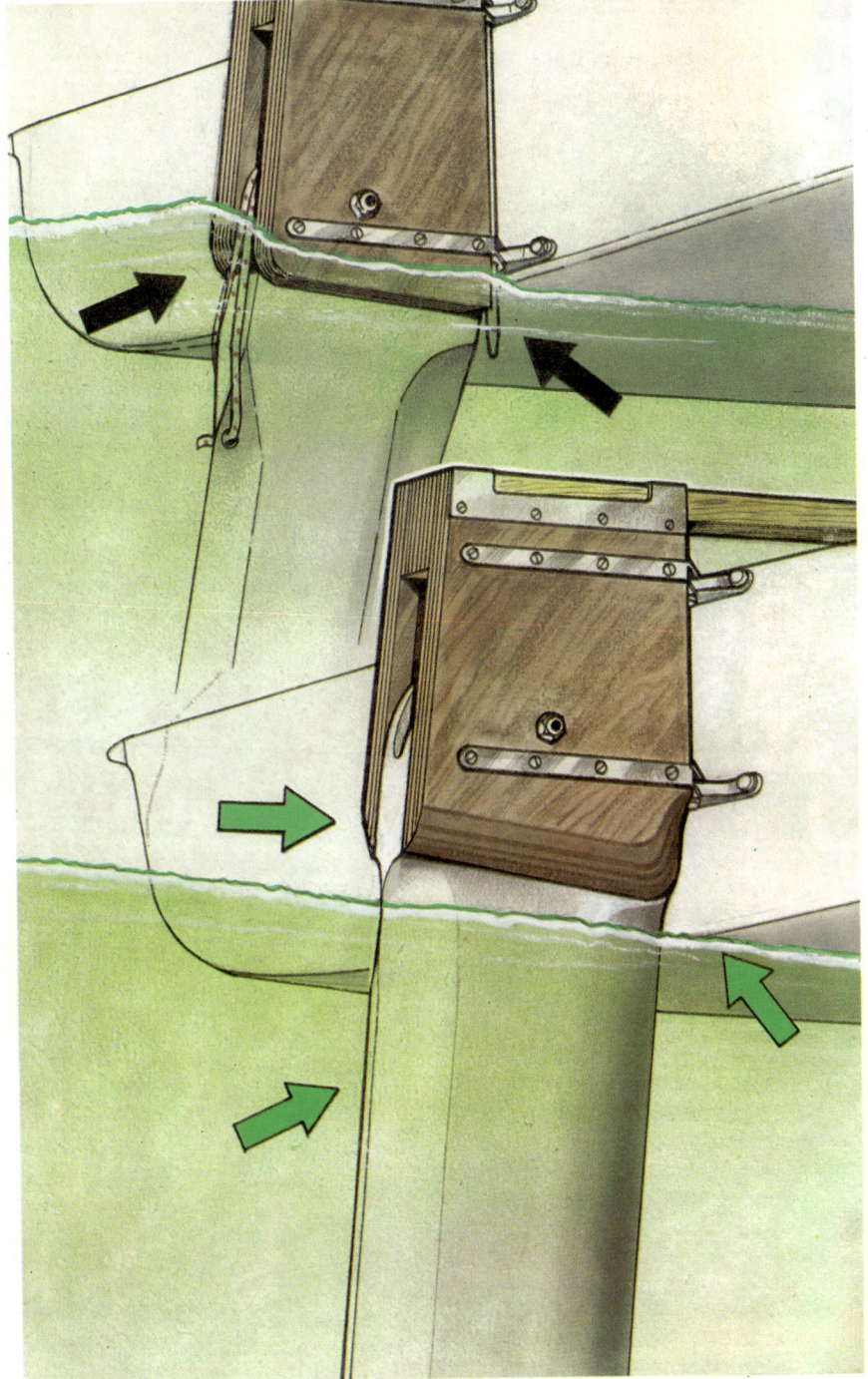

Schwertkasten

Nicht nur Profil und Oberfläche des Schwertes sind wichtig, sondern auch der Schwertkasten selbst. Ein schlecht konstruierter Schwertkasten kann sogar das ganze Geschwindigkeitspotential eines Bootes zunichte machen.

Sehr häufig ist der Schwertkasten zu weit. Das Schwert hat Spiel, vor allem raumschots und vor dem Wind. Es klappert und quietscht, wenn man mal zu hart Ruder legt oder der Wasserdruck gegen die Platte sich ändert. Es verbreitet Nervosität, wo Konzentration nötig ist. Außerdem entstehen Turbulenzen im Wasser, wenn das Schwert im Kasten von einer Seite zur anderen schlägt (Zeichnung). Dabei kann die Platte sich zudem noch verwinden, und beides erhöht den Widerstand im Wasser. Zusätzliche Turbulenzen entstehen durch das Wasser, das von dem hin- und herklappenden Schwert jedesmal aus dem Schwertkastenschlitz herausgedrückt wird.

Loses Spiel kann auch zu Vibrationen führen, vor allem bei höherer Geschwindigkeit. Allerdings sind Vibrationen des Schwertes in den meisten Fällen auf eine Asymmetrie im Profil zurückzuführen. Vibrationen führen zu einer Vergrößerung der effektiven Schwertbreite und damit zu einem größeren Widerstand im Wasser.

Es gibt verschiedene Methoden, ein Schwert ohne Spiel und doch weich und reibungsarm zu führen. Eine recht gute Methode zeigen wir hier (Zeichnung).

Sowohl oben wie unten sind die Schwertkastenschlitze sehr sauber gearbeitet. Sie werden ausgekleidet mit Teflon-Streifen (Polytetra-Fluor-Äthylen). Dieses Material hat

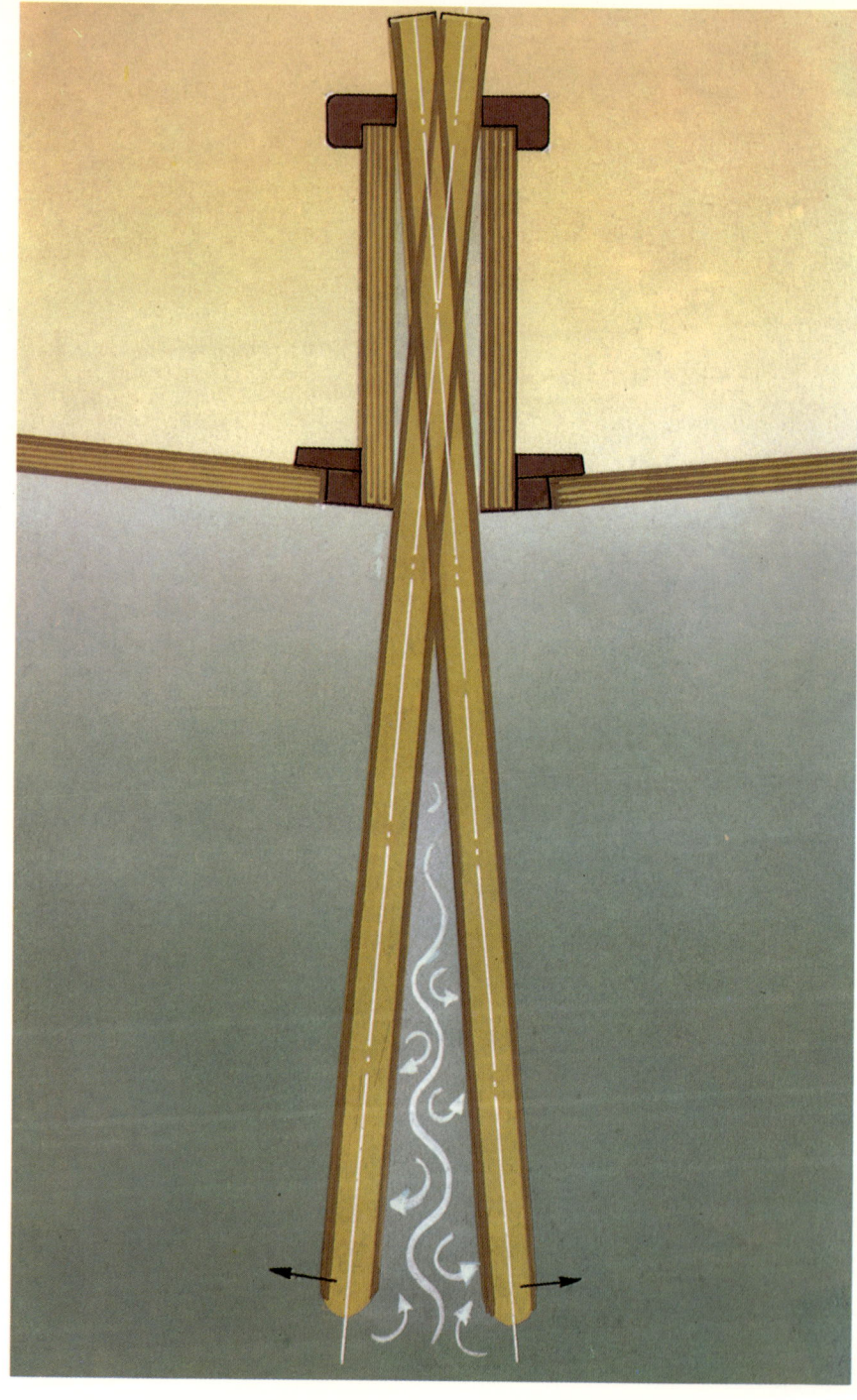

einen sehr geringen Reibungswiderstand und macht das Schwert selbst unter Druck leichtgängig (Pfeile). Ist diese Lösung nicht durchführbar, kann man das Schwert im Bereich des Schwertkastens auch hart einlaminieren und den ganzen Schwertkasten so mit Teflon auskleiden, daß das Schwert nicht mehr wackelt. Diese Lösung hat allerdings den Nachteil, daß Dreck oder Sand sich im Schwertkasten festsetzen kann und die Oberflächen zerkratzt beziehungsweise das ganze Schwert blockiert. Deshalb ist es besser, den Schwertkasten mit senkrechten Teflon-Streifen auszukleiden, zwischen denen Sand und Dreck nach unten wegsacken kann.

Hochholbares Ruderblatt

Viele dieser Fehler finden sich auch an Ruderanlagen. Spiel in der Ruderaufhängung, im Ruderkopf-Beschlag oder zwischen Ruderblatt und den Backen des Ruderkopfes oder auch ein schlechtes Profil führen häufig zu Vibrationen, erhöhtem Widerstand und einem gestörten Gefühl fürs Boot.
Natürlich kann man die Backen im Ruderkopf mit Bolzen und Flügelmutter so anknallen, daß das Ruderblatt strammsitzt. Aber da es sich ohnehin selten genug lohnt, das Ruderblatt nicht voll abgesenkt zu fahren, sollte man sich von vornherein für ein festes Ruder entscheiden und die ganze Sache vergessen.

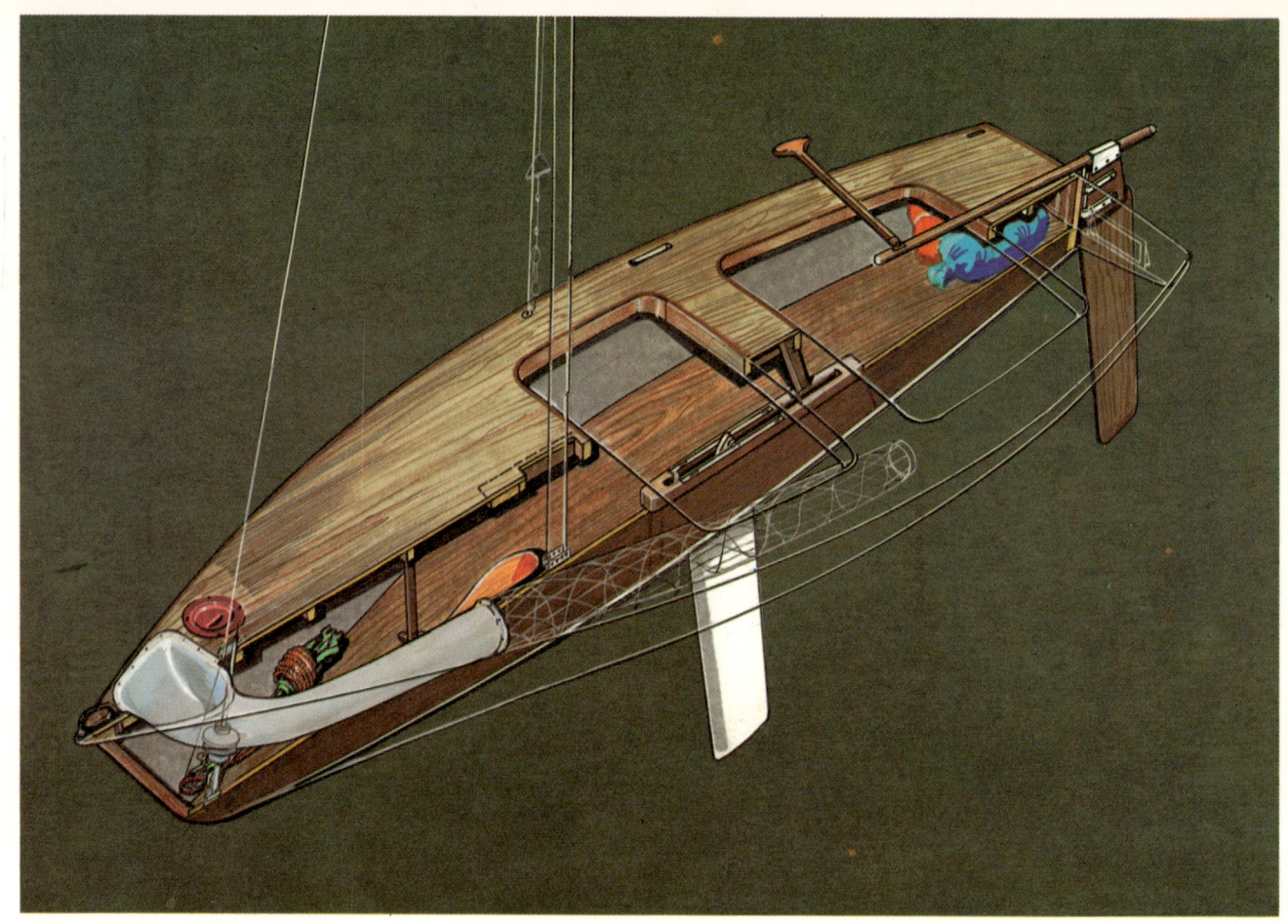

Gewichtskonzentration

Soll das Boot wirklich laufen, dann muß der Gewichtsschwerpunkt des Rumpfes so tief wie möglich liegen. Darauf muß schon bei Baubeginn geachtet werden. Womöglich wird einem ein Boot angeboten mit Mahagonideck, aber einem Rumpf aus Gabun oder einem anderen leichten Holz. Als Regattaboot taugt so ein Boot wenig. Umgekehrt jedoch, mit einem Mahagoni-Unterwasserschiff und einem Gabun-Deck, wäre

daraus ein sehr gutes Regattaboot geworden. Denn sein Gewichtsschwerpunkt läge tiefer.

Am besten ist es natürlich, ein Boot so leicht wie möglich zu bauen und es dann durch extra schwere Beschläge, die man möglichst tief und nach Möglichkeit mittschiffs montiert, auf das vorgeschriebene Mindestgewicht zu bringen.

Das Rumpfgewicht sollte soweit wie möglich mittschiffs konzentriert werden. Mit anderen Worten, Vorund Achterschiff sollten so leicht

wie möglich sein. Dann bewegt sich das Boot im Seegang leichter. Daran muß man also bei der Ausrüstung des Bootes denken.

Die Zeichnung auf dieser Seite zeigt eine typische, die auf der nebenstehenden Seite dagegen eine weit bessere Gewichtsverteilung in einem Regattaboot.

Zu erkennen sind unter anderem im Boot rechts leichtere Bodenbretter unter dem Vor- und Achterdeck, leichtere Decksbalken und Cockpit-Sülls, das Fehlen eines Handgriffs

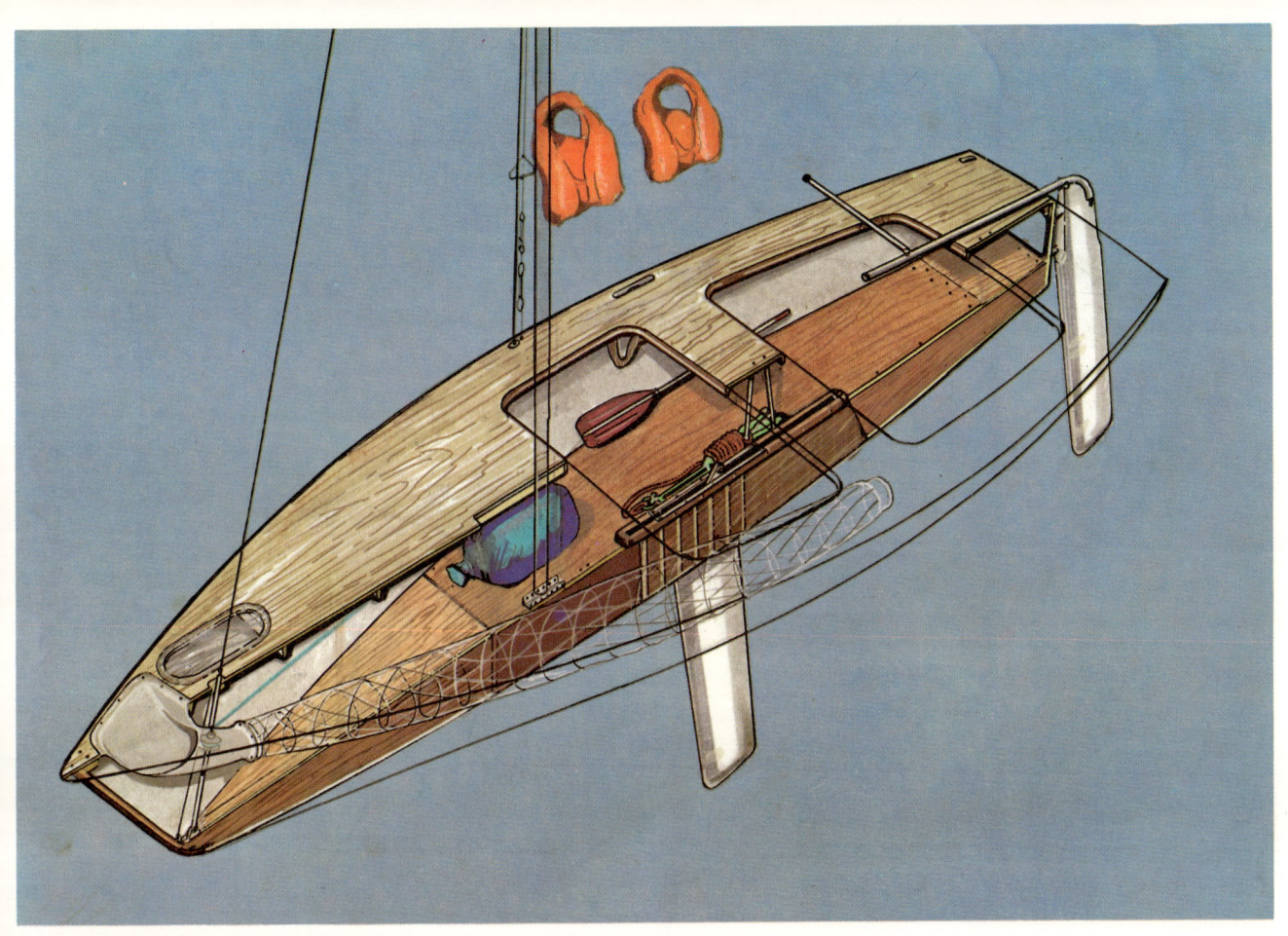

und anderer schwerer Vorsteven-Beschläge, eine leichtere Rollfock-Einrichtung, eine Plastikfolie statt eines Inspektions-Luks im Vordeck, ein Leichtgewichts-Ruder, die Plazierung von Paddel und Anker mittschiffs, die Unterbringung des Reservesegels neben dem Mast und nicht im Achterschiff. Auch hat die Besatzung die Schwimmwesten angelegt, statt das Achterschiff mit ihnen zu belasten, und schließlich sind die Lenzklappen im Spiegel mit Plastikfolien abgedichtet und nicht mit schweren Holz- beziehungsweise Metallklappen.

Alle diese Maßnahmen nützen indessen wenig, wenn die Besatzung selbst sich im Boot nicht richtig plaziert. Im allgemeinen sollte auch das Mannschaftsgewicht so konzentriert wie möglich sein. Deshalb sollten Steuer- und Vorschotmann möglichst dicht zusammenrücken. Ob dies weiter vorn oder weiter achtern zu geschehen hat, hängt jedoch von der Geschwindigkeit des Bootes ab (siehe Seite 110).

Der Vorschoter und auch der Spinnakerbaum vor dem Mast bilden zuviel Windwiderstand.

Jetzt ist die Düse zwischen Vor- und Großsegel völlig frei.

Unnötiger Windwiderstand sollte vermieden werden.

Hautenge Seglerkleidung reduziert den Windwiderstand.

Windwiderstand

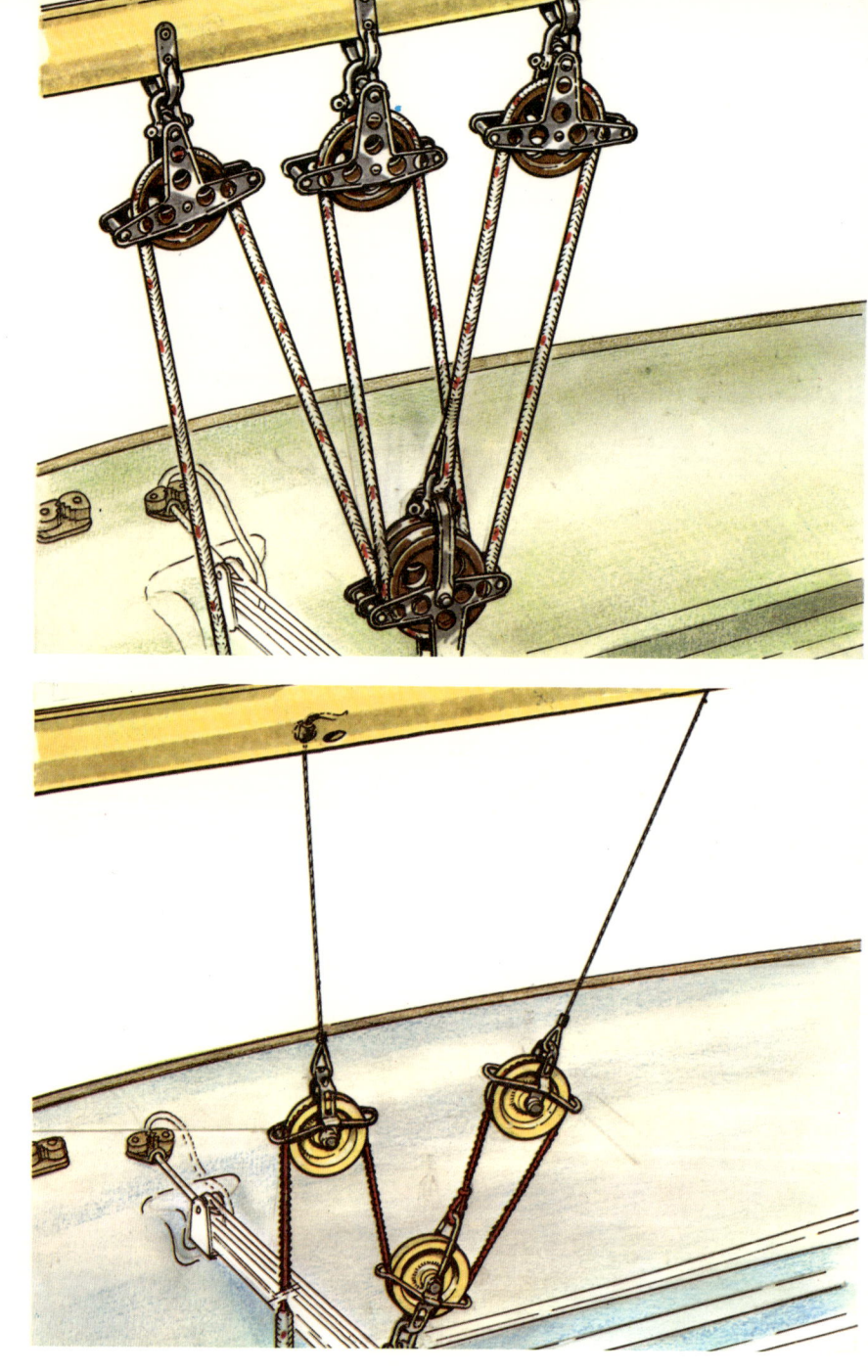

Um an der Kreuz alles herauszuholen, muß der Windwiderstand auf ein Minimum reduziert werden. Die Leute denken oft nur an ein glatteres Segeltuch und vergessen dabei das Wichtigste, beispielsweise den Windwiderstand der Bekleidung, der Großschot-Übersetzung, der Spinnaker-Ausrüstung oder des gesamten Riggs.

Hautenge Kleidung reduziert den Windwiderstand beträchtlich. Sie schleift außerdem nicht durchs Wasser, wenn man ausreitet. In der Länge verstellbare Trapezsysteme sind zwar sehr gut, können aber in der Düse zwischen Vor- und Großsegel beträchtliche Turbulenzen erzeugen (siehe Seite 142).

Bei der Ausrüstung des Bootes sollte man darauf achten, soviel Beschläge wie möglich unter Deck anzubringen. Wo dies nicht geht, lohnt es sich, sie ins Deck einzulassen.

Abb. oben: Eine Schotführung mit zuviel Gewicht und Windwiderstand.

Abb. unten: So ist es besser (siehe auch Seite 90).

14

Auch eine dünnere Großschot kann dazu beitragen, den Windwiderstand zu reduzieren. Sie verursacht weniger Reibung, und man kommt mit weniger Blöcken aus. Werden die oberen Schotblöcke an Drahtstropps gefahren, verringert sich der Windwiderstand noch mehr.

Auch ein hin- und herschlagendes Vorstag, ein außen geschorenes Spinnakerfall oder ein zu dicker Spinnakerbaum-Toppnant und -Niederholer verursachen unnötige Turbulenzen.

Dem Deck dieses FD sieht man die große Sorgfalt an, mit der unnötiger Windwiderstand vermieden wurde. Da gibt es keinen Handgriff am Vorsteven, die Luken sind mit Plastikfolie abgedichtet, Spinnaker-Trompete und Kompasse sind ins Deck eingelassen, ebenso die Umlenkrollen für Spinnaker und Genuaschoten. Die Traveller-Schiene hätte allerdings auch tiefer im Cockpit plaziert werden können. Dann würden wenigstens die unteren Großschot-Blöcke im Wind-

schatten unterhalb des Decks-Niveaus fahren. Bis auf die Bereiche, in denen die Besatzung im Trapez steht oder ausreitet, ist die Scheuerleiste so dünn wie möglich gehalten. Eine solche Scheuerleiste trägt auch zu einer Gewichtskonzentration mittschiffs bei.

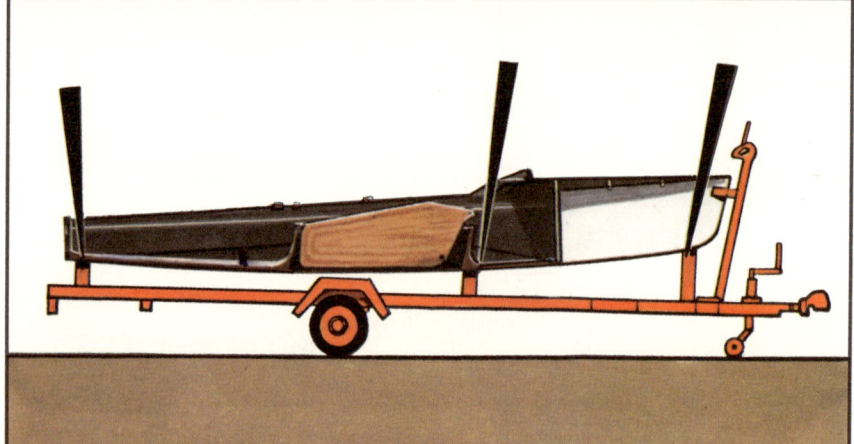

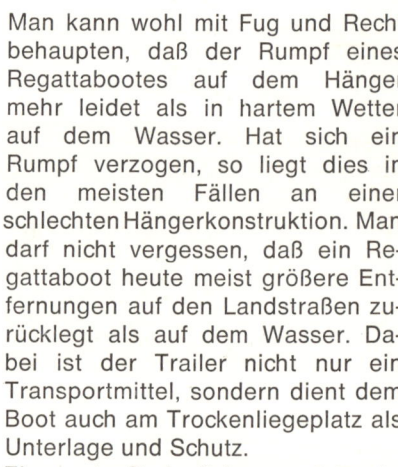

Man kann wohl mit Fug und Recht behaupten, daß der Rumpf eines Regattabootes auf dem Hänger mehr leidet als in hartem Wetter auf dem Wasser. Hat sich ein Rumpf verzogen, so liegt dies in den meisten Fällen an einer schlechten Hängerkonstruktion. Man darf nicht vergessen, daß ein Regattaboot heute meist größere Entfernungen auf den Landstraßen zurücklegt als auf dem Wasser. Dabei ist der Trailer nicht nur ein Transportmittel, sondern dient dem Boot auch am Trockenliegeplatz als Unterlage und Schutz.

Eine gute Radaufhängung ist sehr wichtig. Da die Belastung des Hängers unterschiedlich sein kann, empfiehlt sich eine Drehstab-Federung. Sie hat eine größere Bandbreite.

Harte Stöße auf den Rumpf können vermieden werden, wenn er mit Gewindestangen oder starken Gurten auf dem Hänger stramm gelascht wird. Punktbelastungen, wie sie zum Beispiel von Rollenauflagen verursacht werden, sind zu vermeiden. Am besten sind Bügelauflagen, die der Spantform des Rumpfes entsprechen und den Rumpf dort tragen, wo er Querschotten hat. Auf jeden Fall müssen die Hängerauflagen eine gleichmäßige Verteilung des Rumpfgewichts ermöglichen. Normalerweise empfehlen sich

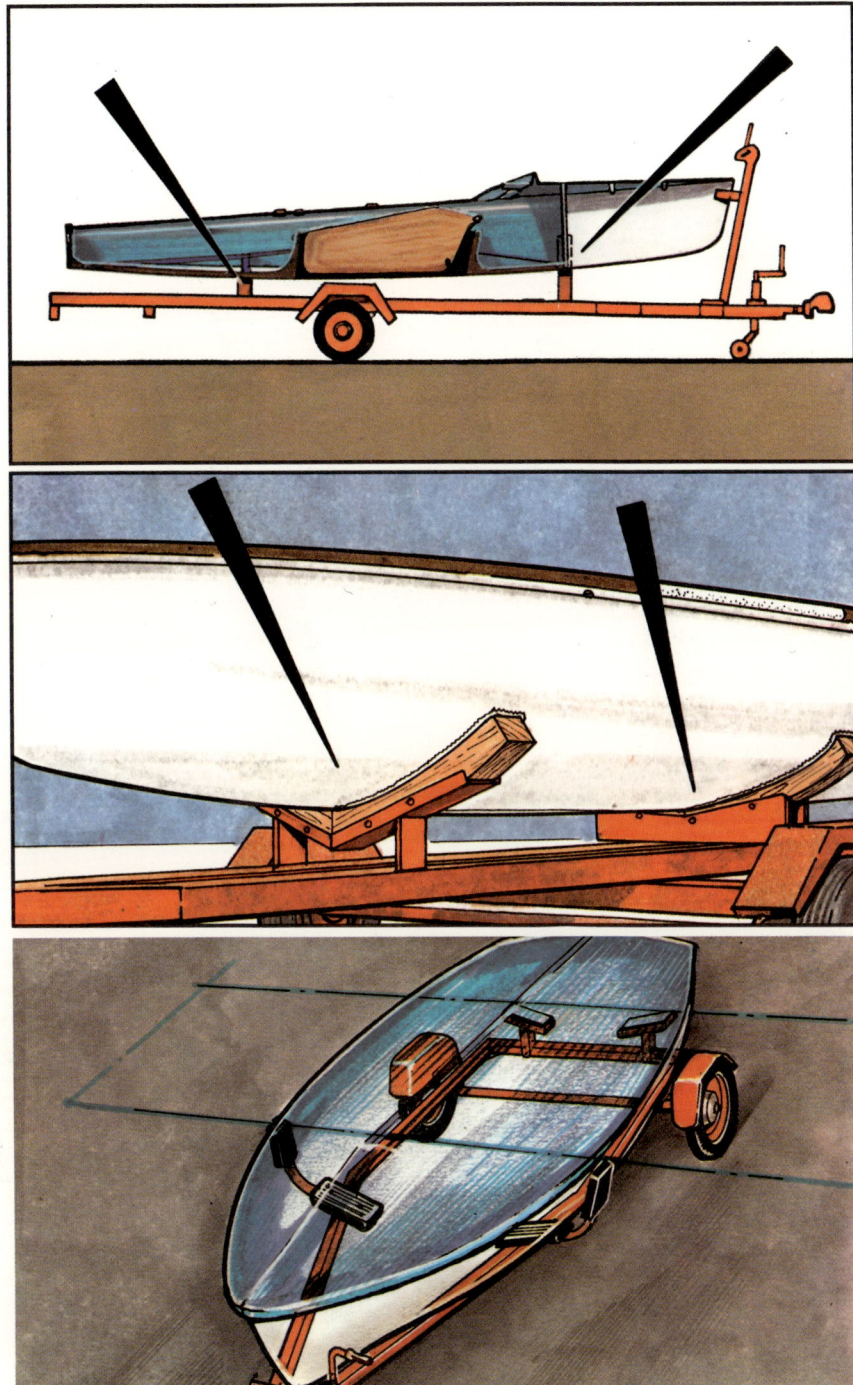

Rumpfauflagen am Ende des ersten und dritten Viertels der Rumpflänge (siehe Zeichnungen rechts oben).

Da selbst der solideste Hänger etwas durchbiegt, sind mehr als zwei Rumpfauflagen nicht empfehlenswert. Ein Hänger mit drei Auflagen kann den Rumpf mal in der Mitte, mal nur an den Enden tragen. Das führt zu unnötigen Belastungen oder Beschädigungen des Bootes. Mit Sicherheit wird die Schale dadurch weicher und schwächer. Nach einer längeren Hänger-Reise kann es sogar zu Rissen kommen. Die Zeichnungen links oben und Mitte verdeutlichen dies.

Zu weiteren Schäden kann es kommen, wenn der Hänger in sich verwindet. Dann befindet sich die vordere Auflage nicht mehr in Peilung mit der achteren. Zum Verwinden neigen vor allem solche Hänger, deren Rahmen nur aus einem Rohr besteht. Kastenrahmen sind besser (Zeichnungen links und rechts unten).

Wer die Regattaeigenschaften seines Bootes erhalten möchte, braucht unbedingt einen erstklassigen Hänger. Zu bedenken sind übrigens auch die Schwierigkeiten, unterwegs gegebenenfalls Hänger-Ersatzteile zu bekommen. Ersatzteile und vor allem ein Reserverad sollte man deshalb immer mitführen.

Der Mast

Baustoffe

Neun von zehn Masten sind heute aus Aluminium. Holz verzieht sich, wenn es feuchter oder trockener wird, und verändert dann seine Biegeeigenschaften. Deshalb kann man Holzmasten und ihren Trimm nicht standardisieren. Masten aus Kunststoff-Laminat verziehen sich zwar nicht, wenn sie feucht werden, doch sie brechen leichter, und die Anbringung von Beschlägen ist problematisch.

Die Eigenschaften eines Aluminiummastes werden von seiner Legierung bestimmt. Hiervon hängt vor allem die Federkraft des Mastes ab, eine ganz entscheidende Eigenschaft. Zu weiche Legierungen ermüden schnell. Sie werden härter und verlieren an Federkraft. Das Wippen des Mastes auf dem Hänger ermüdet das Material stark. Deshalb sollte der Mast auf dem Hänger stets so fest wie möglich gezurrt werden. Am besten zurrt man ihn so, daß er leicht gebogen ist.

Auch das Eloxieren und Schweißen verändert die Biegeeigenschaften eines Mastes. Dies muß man wissen, wenn man Masten oder Profile miteinander vergleicht.

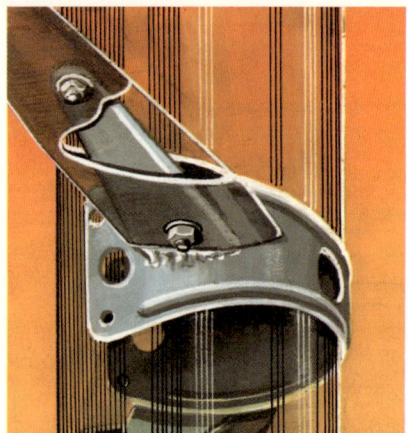

Salingbeschläge

Die Saling darf im Salingbeschlag am Mast absolut kein Spiel haben. Sonst kann man die Mastkurve mit den Salingen nicht kontrollieren. Weil die Salinge als lange Hebel auf den Salingbeschlag wirken, muß dieser Beschlag besonders gut konstruiert und stark gebaut sein. Eine Saling muß so montiert sein, daß sie den Winkel genau halbiert, den das Want um ihre Nock herum bildet. Es ist falsch, die Salinge genau waagerecht zu fahren.

Länge und Profil der Salinge

Obwohl das Gewicht des Trapezmannes und die Biegekurve des Mastes auch eine Rolle spielen, wird seine Seitwärtsbiegung doch weitgehend von der Salinglänge bestimmt. Salinge können unter Zug, unter Druck oder neutral gefahren werden.

Salinge unter Druck sind länger als die Entfernung vom Mast zum Want, sie spreizen das Want nach außen. Hoch am Wind steht nur das Luvwant unter Spannung. Der Masttopp will unter dem Winddruck nach Lee auswandern, wird aber daran gehindert, weil der Mast im Saling-Bereich unter dem Druck des Wants auf die Saling nicht nach Luv ausbeulen kann. Je länger die Saling ist, desto stärker ist der Druck und desto steifer der Mast. In leichtem Wetter, wenn der Gegendruck des Windes im Masttopp nicht ausreicht, kann der Mast im Salingbereich dann sogar nach Lee gedrückt werden.

Neutrale Salinge werden weder gestaucht noch gezogen. Sie berühren gerade eben das Want. Sobald aber der Masttopp nach Lee auswandert, beginnt die Saling, nach Luv gegen das Want zu drücken und die seitliche Biegung einzuschränken.

Auf Zug beanspruchte Salinge sind kürzer als der Abstand zwischen Mast und Saling. Hoch am Wind wird der Mast also im Salingbereich nach Luv gezogen, und der Masttopp wandert dann entsprechend nach Lee aus.

Am besten hat die Saling ein tropfenförmiges Profil, das sich nach außen hin verjüngt. Runde Salinge biegen sich zu leicht.

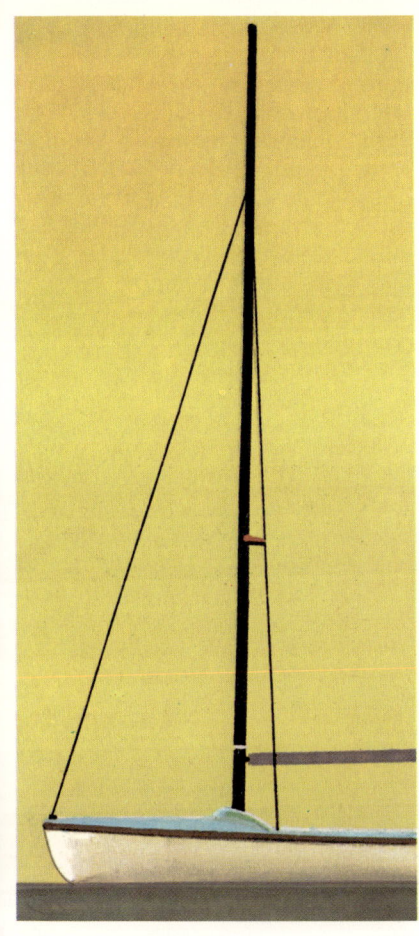
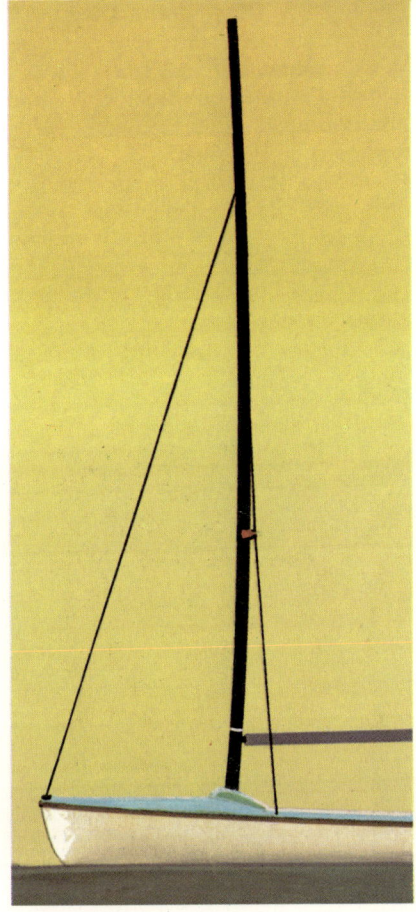
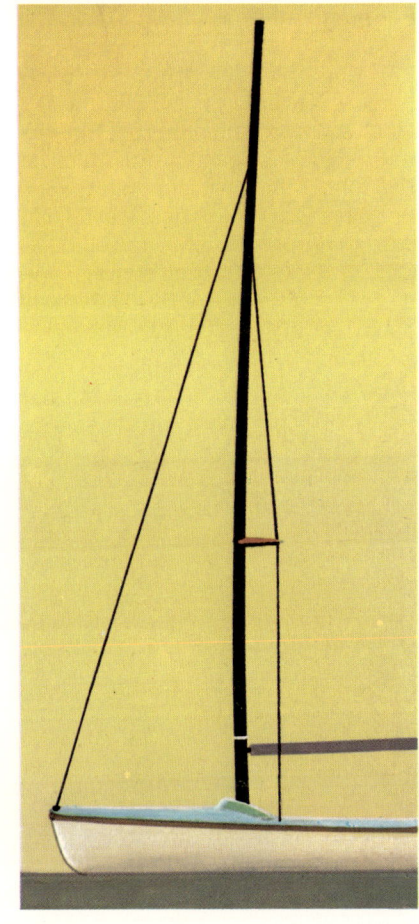

Salingwinkel

Salinge, die ohne Spiel am Mast befestigt sind, beschränken die Mastbiegung nach vorn und achtern. Das unter Spannung stehende Luvwant begrenzt über die Saling die Kurve, die der Mast auf Salinghöhe nach vorn annehmen kann. Entsprechend wird der Masttopp daran gehindert, sich nach hinten zu biegen.

Sind die Salinge nach vorn gepfeilt und fest mit dem Mast verbunden, spreizen sie auch die Wanten nach vorn. Unter Spannung drückt das Luvwant in Höhe der Salinge von vorn auf den Mast und hindert den Topp daran, sich nach hinten zu biegen. Bei leichtem Wetter kann ein so geriggter Mast auf Salingebene sogar nach hinten wegbeulen. Man muß aufpassen, daß diese Biegung nicht zu stark ist. Sie sollte allemal wieder beseitigt werden, indem man den Großbaum-Niederholer etwas dichternimmt. So entsteht über das Großsegel-Ach-

terliek ein Zug auf den Masttopp nach hinten, und gleichzeitig drückt der Großbaum den Mast unten nach vorn.

Nach achtern gepfeilte Salinge können zu einer starken Mastbiegung führen, wenn das Luvwant unter Spannung kommt und die Saling nach vorn drückt. Je stärker die Salinge nach hinten gepfeilt sind, desto größer die Mastkurve. So fährt man aber nur sehr steife Masten (siehe auch Seite 70).

Führung und Kontrolle im Deck

Zur Kontrolle der seitlichen Mastbiegung ist eine feste Führung des Mastes in seinem unteren Bereich unerläßlich. Also muß der Mast im Fuß und auch im Deck fixiert werden. Im Deck darf der Mast nicht das geringste Spiel zur Seite haben. Nur bei leichtem Wetter kann der Mast im unteren Bereich etwas nach Luv biegen, um die Düse zwischen Vor- und Großsegel zu öffnen.

Am besten ist es, wenn das Deck selbst den Mast führt (siehe Foto). Wo dies nicht der Fall ist, sollte ein fester Führungsrahmen aus Holz oder Aluminium diese Aufgabe übernehmen.

Es gibt eine ganze Reihe von Beschlägen zur Kontrolle der Mastbiegung in Deckshöhe. Mit diesen Beschlägen kann man die Mastkurve nach hinten den jeweiligen Bedingungen anpassen.

Bei leichtem Wetter wird der Mast im Deck zurückgehalten, so daß er sich im unteren Bereich nicht biegen kann. Bei zunehmendem Wind läßt man ihn langsam mehr nach vorn kommen, wodurch er langsam mehr Biegung bekommt. Der unten abgebildete Beschlag wird mit dem weißen Nylonrad verstellt, das auf einem Gewindebolzen dreht. Über das eingekerbte Nylonrad ist eine Leine geführt, die nach achtern läuft und während des Segelns vom Steuermann bedient werden kann.

Seitliche Mastbiegung

Die seitliche Mastbiegung wirkt sich unmittelbar auf Trimm und Stand der Segel zueinander aus. Sie öffnet die Düse zwischen Vor- und Großsegel. · Das Boot läuft dann zwar nicht mehr so viel Höhe, läßt sich aber leichter aufrecht segeln, weil der entsprechend nach Lee auswandernde Masttopp das Großsegel-Achterliek entlastet und Wind abfließen läßt. Der krängende Winddruck läßt oben nach.

Es gibt hierbei aber noch andere Punkte zu beachten. So verringert sich durch die seitliche Mastbiegung der Abstand zwischen dem Vorstag-Beschlag am Mast und dem Vorsteven. Deshalb wird das Vorsegel-Vorliek durchhängen. Auch geht das Profil des Großsegels verloren. Für zu viel Seitwärtsbiegung läßt sich kein vernünftiges Segel machen.

Die Vorteile einer seitlichen Mastbiegung kann man aber auch ohne ihre Nachteile erzielen. So läßt sich die Düse beispielsweise auch durch mehr Mastfall öffnen. Oder man versetzt die Vorschot-Holepunkte weiter nach hinten. Und der Segeldruck wird besser durch eine Mastbiegung nach hinten als zur Seite reduziert. Denn dann weht der nicht abgestagte Masttopp nur in den Böen nach Lee aus.

So wird die Seitwärtsbiegung erhöht

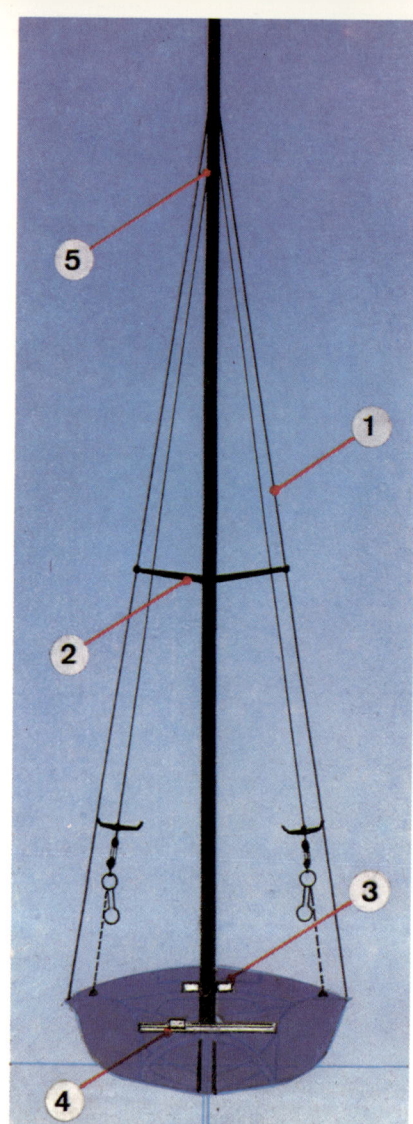

(1) Wantenspannung reduzieren. An Masten mit Ober- und Unterwanten sollten nur die Oberwanten gelockert werden, um die Biegung zur Seite zu vergrößern. An Masten mit Diamonds werden diese gelockert, um den gleichen Effekt zu erzielen.

(2) Salinge verkürzen oder tiefersetzen.

(3) Das seitliche Spiel der Mastführung im Deck vergrößern.

(4) Großschot-Traveller weiter in Lee fahren.

(5) Die Trapezdrähte weiter unterhalb der Wanten am Mast anschlagen.

So wird die Seitwärtsbiegung verringert

Umgekehrt machen dieselben Faktoren den Mast seitlich steifer:

(1) Wanten steifer fahren. An Masten mit Ober- und Unterwanten sollten nur die Oberwanten steifer durchgesetzt werden. An Masten mit Diamonds werden diese steifer durchgesetzt, um denselben Effekt zu erzielen.

(2) Salinge verlängern oder höhersetzen.

(3) Das seitliche Spiel der Mastführung im Deck verringern.

(4) Den Großschot-Traveller weiter mittschiffs fahren oder sogar etwas in Luv.

(5) Die Trapezdrähte zusammen mit den Wanten oder sogar über ihnen anschlagen.

So wird die Mastbiegung nach achtern vergrößert

(1) Den Mast im Deck weiter nach vorn wandern lassen. Dadurch biegt sich der Mast unten mehr nach vorn und oben entsprechend mehr nach hinten.

(2) Die Wanten loser fahren. Gegebenenfalls das Achterstag dichter fahren.

(3) Salinge mehr nach hinten pfeilen und neu festsetzen (siehe Seite 21).

(4) Großbaum-Niederholer steifer durchsetzen.

(5) Großschot dichternehmen (gleichzeitig sollte aber der Großschot-Traveller weiter nach Lee gefiert werden).

(6) Ein Großsegel mit stärkerer Vorliek-Kurve und geschlossenerem Achterliek fahren.

(7) Einen steiferen Baum fahren.

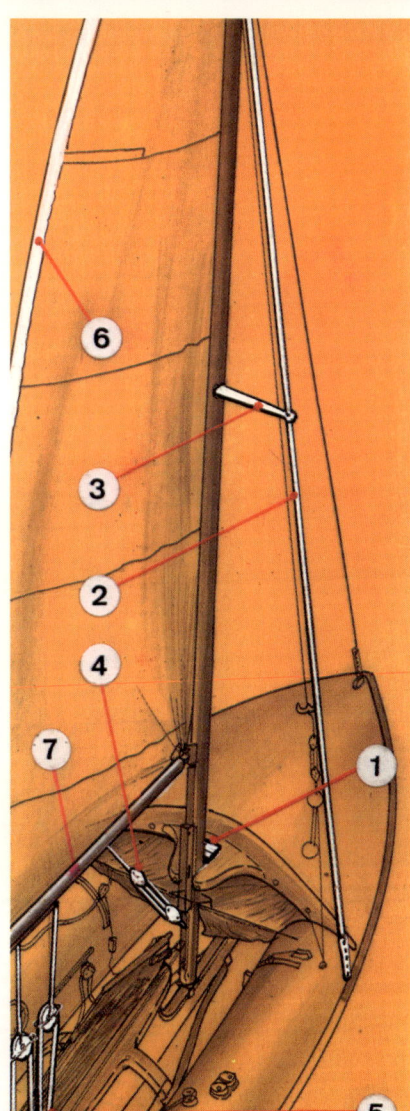

So wird die Mastbiegung nach achtern verringert

(1) Den Mast im Deck weiter nach achtern drücken oder ziehen.

(2) Wanten steifer durchsetzen. Gegebenenfalls Achterstag fieren.

(3) Salinge weniger nach achtern pfeilen und neu festsetzen (siehe Seite 21).

(4) Großbaum-Niederholer auffieren.

(5) Großschot fieren (gewöhnlich wird gleichzeitig der Großschot-Traveller weiter mittschiffs genommen).

(6) Ein flacheres Großsegel mit weniger Vorliek-Rundung und einem offeneren Achterliek fahren.

(7) Einen weicheren Großbaum fahren.

Die Segel

Vorsegel

Es ist sehr wichtig, daß das Vorsegel-Vorliek am Vorliek-Draht unter der richtigen Spannung steht. Fehlt es an Spannung, wird das Segel waagerechte, vom Vorliek ausgehende Falten werfen (siehe Zeichnung links oben). Diesen Fehler kann man beheben, indem man das Vorliek vom Draht löst und unter größerer Spannung wieder festnäht. Man kann aber statt dessen auch ein Cunningham Hole etwa eine Handbreit über dem Unterliek ins Vorliek schlagen. Dann kann man die Vorliek-Spannung sogar beim Segeln verändern, sofern man einen Strecker durch das Cunningham Hole bis ins Cockpit führt. Das zahlt sich auch bei älteren Segeln aus, die schon etwas ausgereckt sind.

Manchmal kann man aber auch das Gegenteil beobachten, nämlich zuviel Vorliek-Spannung. Diesen Fehler erkennt man an einer tiefen Längsfalte, die sich bei leichtem Wetter von oben bis unten am Vorliek bildet.

Die Vorliek-Spannung beeinflußt auch das Segelprofil. Ist sie zu gering, dann wird der Bauch voller und wandert nach hinten vors Achterliek. Ist die Spannung hoch, wandert der Bauch ans Vorliek, und die achtere Partie des Segels wird flacher. Deshalb wird bei zunehmendem Wind die Vorliek-Spannung erhöht und bei leichterem Wetter verringert. Das geht am besten über Vorliek-Strecker und Cunningham Hole.

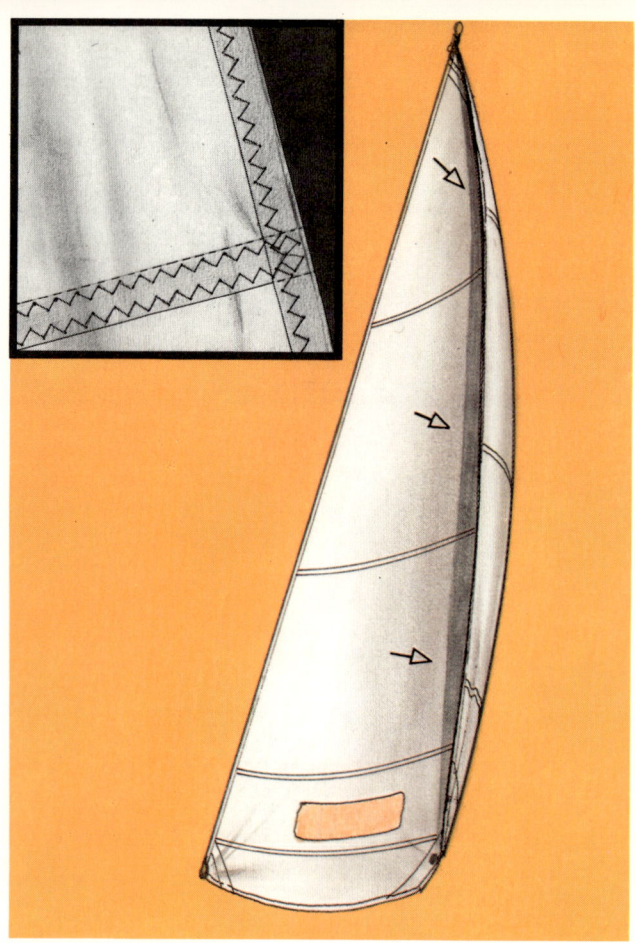

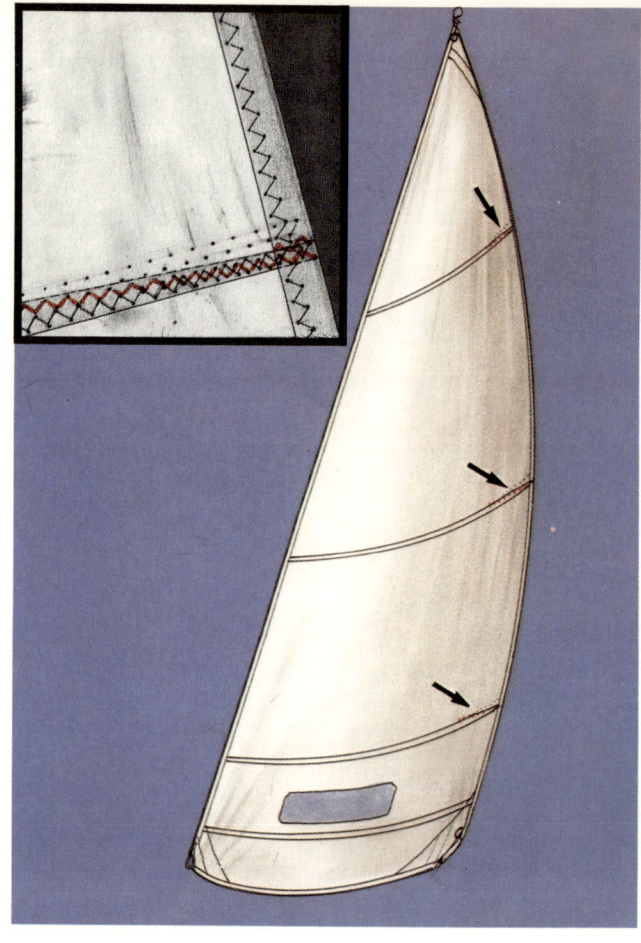

Vorsegel-Korrekturen

Eine Fock oder eine Genua kann entweder von vornherein das falsche Profil haben, oder das Profil hat sich nach einiger Zeit verschlechtert.

Hat sich das Segel nachträglich verzogen, kann das Tuch entweder zu schlecht oder zu leicht gewesen sein. Vielleicht ist das Segel auch falsch behandelt worden. So hat es möglicherweise in hartem Wetter unnötig viel gekillt, oder es wurde mit zuviel Achterliek-Spannung gefahren.

Bei einem neuen Segel, das von vornherein mit falschem Profil geliefert wurde, läßt sich der Fehler leichter korrigieren. Denn es handelt sich ja nicht darum, die Mängel eines ausgewehten Tuches zu beheben.

Der häufigste Vorsegel-Fehler ist ein zu geschlossenes Achterliek, das sich einrollt. Die Ursache hierfür ist simpel. Im Achterliek liegt das Tuch doppelt und reckt deshalb weniger als das Tuch unmittelbar vor dem Saum. Das kann man vermeiden, indem das Achter-

liek nicht einen Saum bekommt, sondern mit einem heißen Trennmesser abgeschnitten und die Schnittkante des synthetischen Tuches damit gleichzeitig verschweißt wird.

Man kann das Achterliek auch öffnen oder entlasten, indem man die waagerechten Nähte zwischen den einzelnen Bahnen ganz hinten auftrennt und etwas Tuch ausläßt, bevor man sie wieder zusammennäht. Das hat den gleichen Effekt wie Tuchkeile, die man in das Achterliek einsetzt. Die Zeichnungen oben

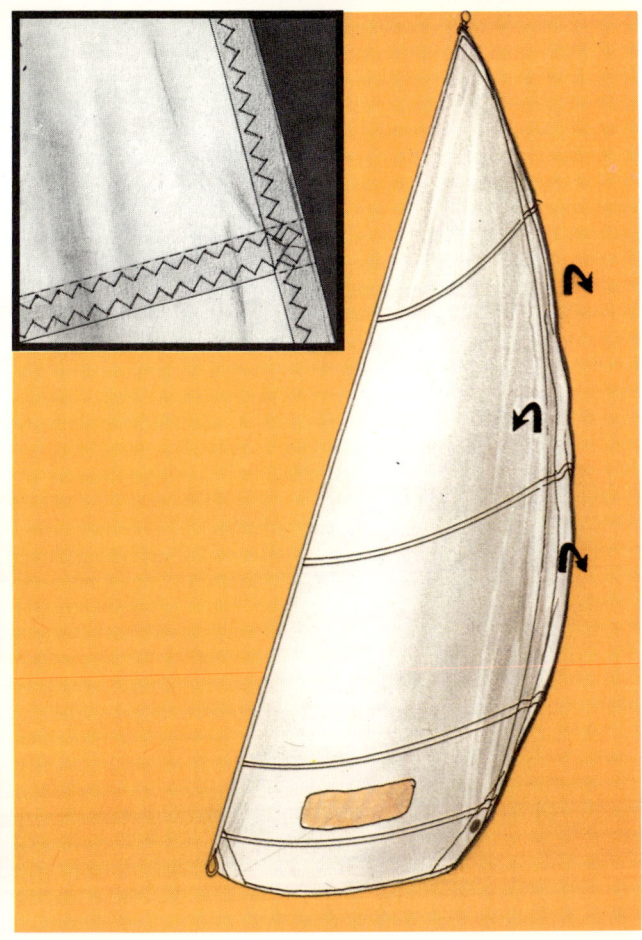

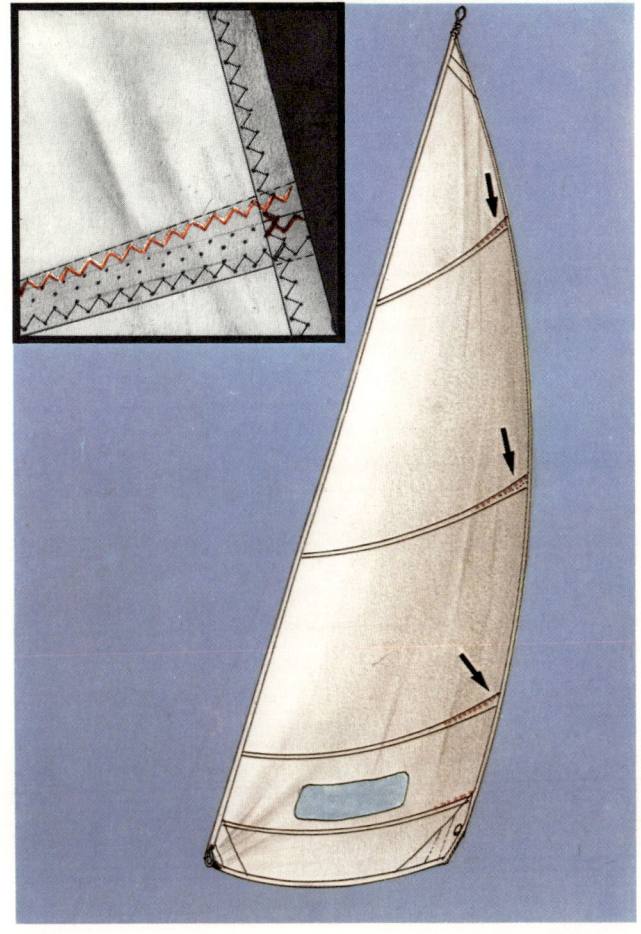

illustrieren die Auswirkungen dieser Änderungen und zeigen, wie man es macht. Natürlich kann man nicht beliebig viel Tuch aus den Nähten lassen, sonst würde das Segel dort einreißen.

Ein anderer häufiger, aber nicht ganz so schwerwiegender Fehler ist ein zu loses Achterliek. Dabei kann es sich um ein leichtes Zittern der letzten Zentimeter des Segels handeln, aber auch um ein Wegklappen der ganzen Achterliek-Partie nach Lee.

Ein leichtes Zittern des Achterlieks kann bei einem Hartwetter-Vorsegel ganz in Ordnung sein. Aber bei leichtem Wetter ist auch das schon kritisch.

Ein sehr loses Achterliek kostet Segeldruck. Das Boot läuft keine Höhe mehr. Außerdem verursacht das Flattern des Vorsegel-Achterlieks Turbulenzen in dem so wichtigen glatten Luftstrom in der Düse zwischen Vor- und Großsegel.

Ein zu loses Achterliek wird wie ein zu geschlossenes korrigiert, nur genau umgekehrt. Das heißt, die hinten aufgetrennten Nähte werden

mit einer größeren Überlappung als vorher wieder zusammengenäht. Das hat den gleichen Effekt wie Abnäher. Die Zeichnungen zeigen dies deutlich.

Das Ausmaß der Korrekturen bewegt sich in Millimeter-Grenzen. Ein erfahrener Segler weiß, wo er wieviel Tuch auslassen oder abnähen muß. Ist er sich hingegen nicht sicher, sollte er zum Segelmacher gehen und ihm die Fehler im Segeltuch genau beschreiben, und zwar schriftlich. Es genügt nicht, ihm das Segel vor die Tür zu stel-

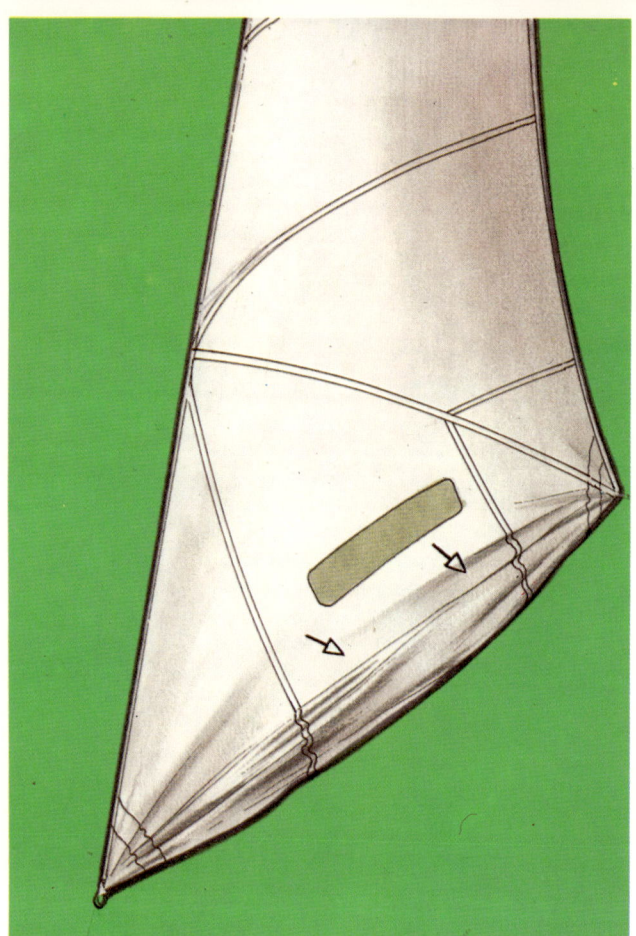
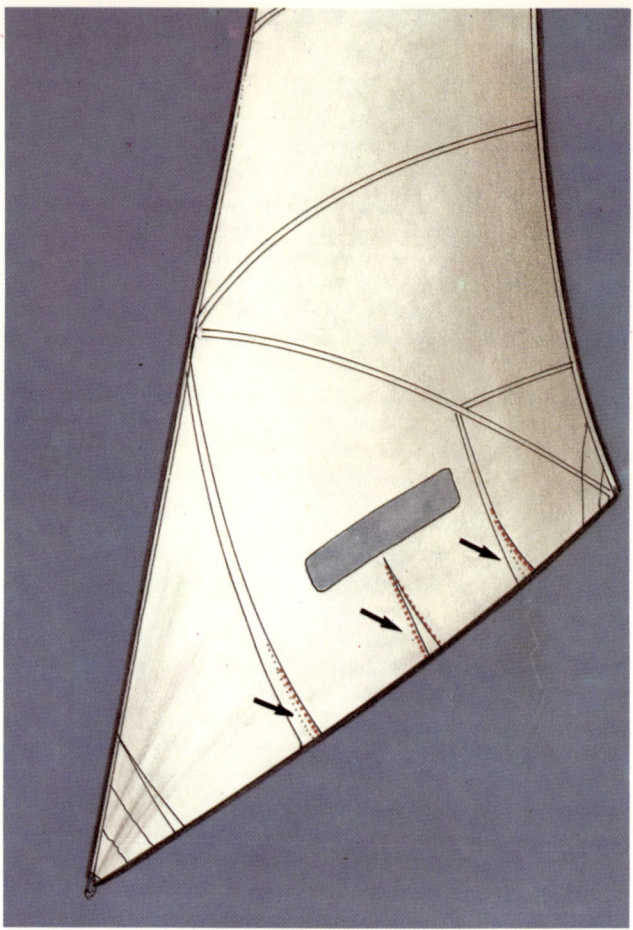

len und zu sagen, es liefe nicht. Der Segelmacher muß genau wissen, wo die Fehler liegen und welche Änderungen nötig sind, um sie zu beheben.

Ein oft vernachlässigter Teil des Vorsegels ist das Unterliek. Es stimmt zwar, daß das Unterliek nicht so wichtig ist wie das Vor- oder Achterliek. Doch auch kleine Fehlerkorrekturen lohnen sich.

Die Korrektur eines fehlerhaften Unterlieks ist halb so schlimm. Denn hierbei kommt es nicht so

sehr auf den Millimeter an wie beim Achterliek.

Ist das Unterliek zu lose, trennt man die Nähte auf und näht sie mit einer größeren Überlappung wieder zusammen (siehe Zeichnung rechts oben). Reicht das nicht aus, kann man weitere Abnäher ins Tuch schneiden. Laufen alle Bahnen im. Vorsegel horizontal, kann man im Unterliek ohnehin nur mit Abnähern arbeiten.

Die Größe der Abnäher hängt vom Reck des Unterlieks ab. Das Ausmaß des Recks bewegt sich von

einem leichten Flattern bis zu einem Hin- und Herschlagen der ganzen Unterlieks-Partie.

Das Unterliek einer auf Deck aufliegenden Genua kann andererseits so sehr verkürzt sein, daß es sich nach innen rollt. Aber das schadet nichts, ganz im Gegenteil: Dann kann nicht soviel Wind von der Überdruck-Seite in Luv zwischen Liek und Deck hindurch auf die Unterdruck-Seite in Lee entweichen. Das Unterliek eines schlanken, hochgeschnittenen Vorsegels (Zeichnung oben) sollte nahezu flach sein.

Unkorrigierbare Fehler im Vorsegel

Einige Fehler kann man überhaupt nicht oder nur mit großen Kosten korrigieren. Dann steht man vor der Frage, ob sich eine Reparatur überhaupt noch lohnt oder ob ein neues Segel nicht die bessere Antwort wäre.

Die beiden obigen Zeichnungen zeigen zwei Vorsegel mit so gut wie unkorrigierbaren Fehlern.

Das Vorsegel links hat senkrechte Bahnen, die parallel zum Achterliek verlaufen. Ein Defekt am Achterliek läßt sich bei diesem Segel kaum beseitigen. Schon gar nicht auf die eben beschriebene Weise durch Korrektur in den Nähten.

Rechts eine Genua aus überrecktem Tuch. Dies Segel ist restlos ausgeweht. Man erkennt das an den Bäuchen ober- und unterhalb der Mittelnaht, an dem ausgereckten Achterliek, das sich einrollt, und auch an den Falten, die strahlenförmig vom Hals und Schothorn ausgehen.

Es hängt nicht nur vom Lebensalter und von der Beanspruchung ab, wann ein Segel so ausgeweht ist wie dies. Entscheidend ist vor allem auch das Gewicht und die Qualität des verarbeiteten Tuches. Man spart deshalb am falschen Ende, wenn man Segel aus billigem Tuch kauft, nur weil sie möglicherweise etwas weniger kosten.

Großsegel-Korrekturen

Der häufigste Fehler an einem Großsegel ist ein ausgewehtes, zu loses Achterliek. Das ist früher oder später bei jedem Großsegel der Fall (siehe Bild links). Der Fehler läßt sich mit Hilfe der horizontalen Nähte genauso beheben wie beim Vorsegel (siehe Seite 29). Mit einem zu geschlossenen Großsegel-Achterliek hingegen wird man nicht so leicht fertig. Denn das Achterliek eines Großsegels wird sehr stark belastet. Deshalb sind die Grenzen, in denen man ohne Risiko Tuch aus den Nähten lassen kann, hier verhältnismäßig eng.

Unkorrigierbare Fehler im Großsegel

Im Gegensatz zum Vorsegel wird das Profil eines Großsegels ganz wesentlich von der Flexibilität des Mastes und des Großbaums beeinflußt, ja sogar in hohem Maße kontrolliert. Deshalb muß das vorgegebene Profil zu diesen beiden Biegekurven passen.

Das auf dem Foto rechts gezeigte Großsegel ist für den vergleichsweise weichen Mast im Vorliek nicht rund genug geschnitten. Man erkennt das an den Falten, die von der Baumnock zum Mast hin ausstrahlen, wenn das Segel dichtgenommen wird.

Da kann man am Segel selbst nichts ändern. Hier hilft nur ein steiferer Mast. Der umgekehrte Fehler,

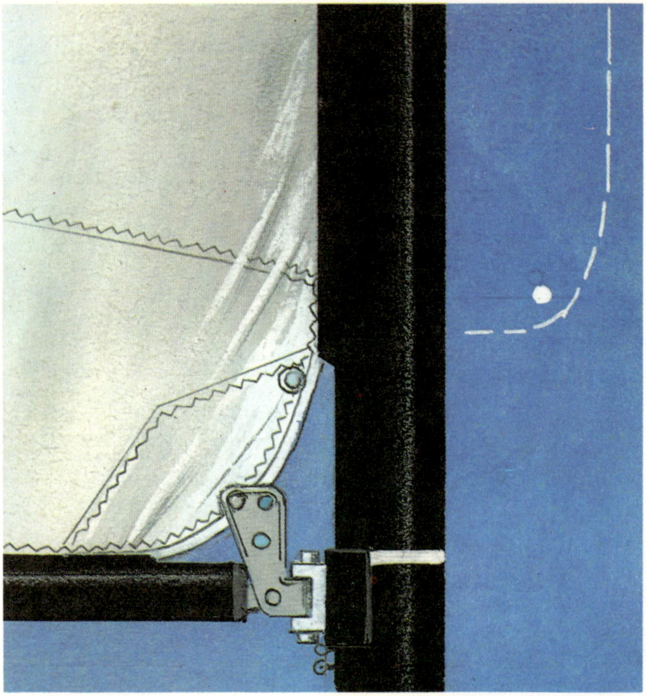

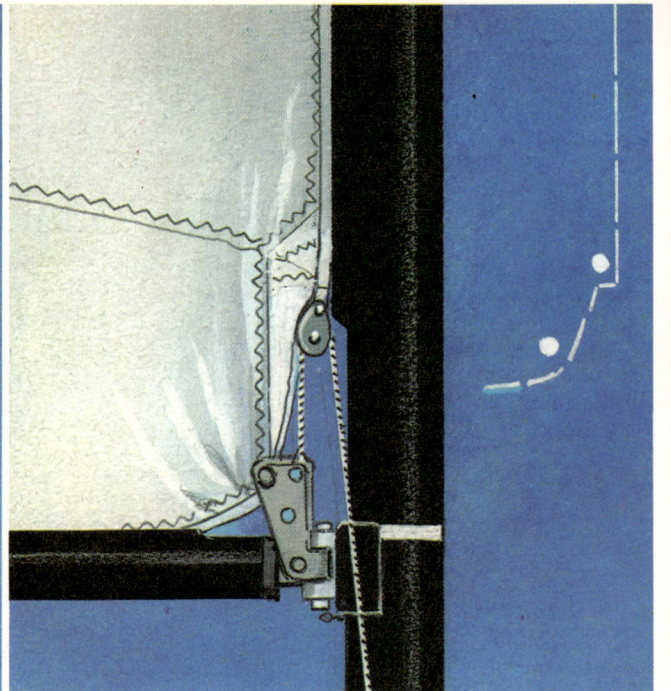

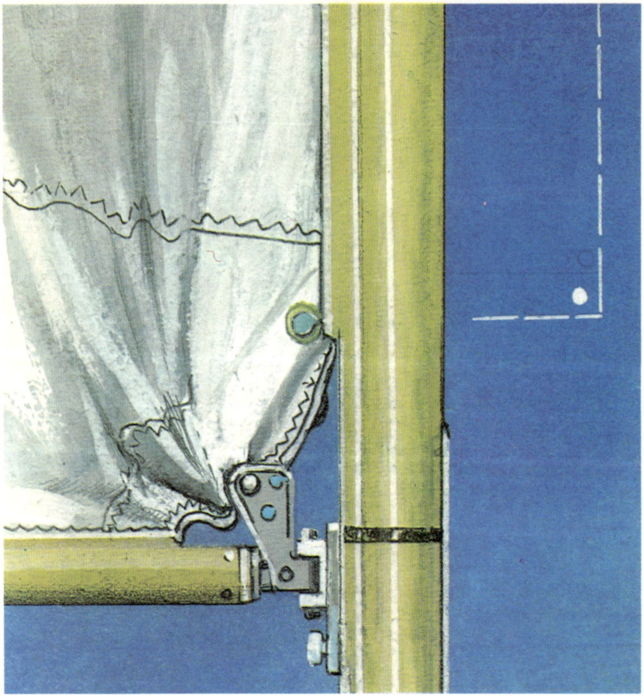

eine zu starke Vorliek-Kurve im Großsegel, läßt sich hingegen leicht am Segel selbst beheben.

Es kann auch vorkommen, daß der Schnitt des Großsegels am Hals nicht zu dem Großbaumbeschlag paßt, an dem die Halskausch gefahren wird. Das ist allerdings nicht ganz so tragisch, kann aber doch zu einer Beeinträchtigung des ganzen Segelprofils führen, wenn das Tuch dort zu ungleichmäßig belastet wird.

Die beiden Zeichnungen oben zeigen zwei Beispiele gut geschnittener Segelhälse. Auf der nebenstehenden Zeichnung hingegen erkennt man deutlich, daß die Halskausch zu hoch und zu nahe am Vorliek sitzt.

Beachtenswert ist auch das gute Vorliekstrecker-Arrangement (rechts oben).

Genua-Korrekturen

Oft hängt das Segeltuch zu beiden Seiten der Mittelnaht durch, vor allem im Bereich des Schothorns. Das liegt an den starken Zugkräften, die von der Schot her auf diese Bereiche des Segels wirken.

Weil in der Mittelnaht das Tuch doppelt liegt, trägt die Naht besser. Ihr Reck ist geringer, und es entsteht der Eindruck, das Segel sei entlang der Naht zu kurz.

Man kann bei einem solchen Segel die Naht auftrennen und mit etwas weniger Überlappung neu zusammennähen.

Schwierig wird diese Operation dann, wenn nur der eine Saum gerade ist, der andere jedoch einen Kurvenstrak aufweist, um das Segel besser zu profilieren. Ist dies der Fall, muß die ganze Mittelnaht mit den Verstärkungen am Schothorn aufgetrennt werden, um die Längenunterschiede ausgleichen zu können, die sich aus den unterschiedlich geschnittenen Bahnkanten ergeben.

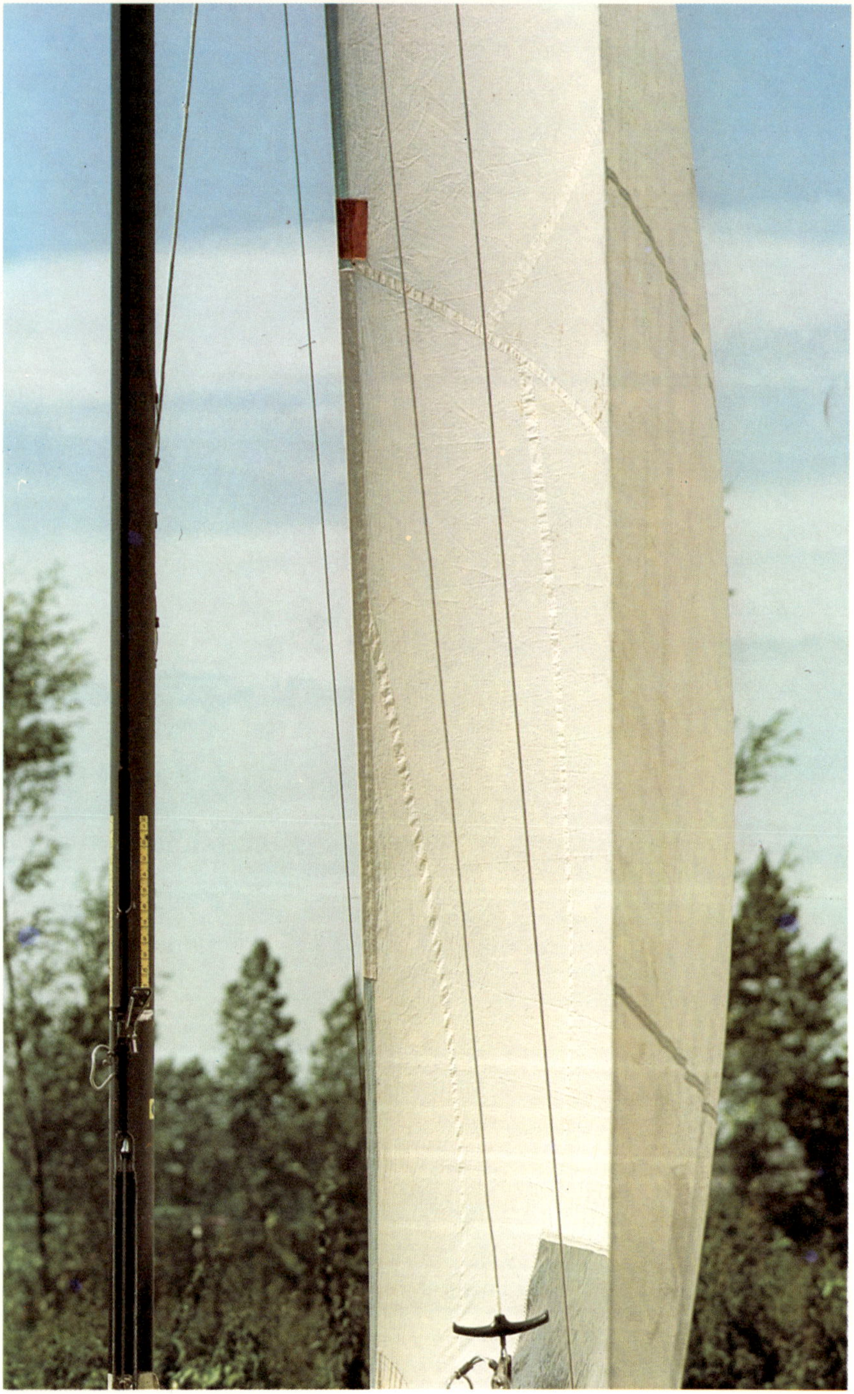

Unkorrigierbare Fehler in der Genua

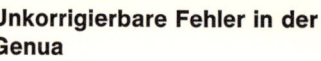

Ein schwerwiegender und leider unkorrigierbarer Fehler tritt im Laufe der Zeit an jeder Genua auf: Das eingearbeitete Profil rutscht allmählich weiter nach hinten, und auch die Silhouette des Segels verändert sich. Das ist eine Alterserscheinung, die bei Genuas aus leichtem Material schon recht früh auftreten kann. So eine Genua ist dann nur noch in leichtem Wetter zu gebrauchen.

Mit einer solchen Genua beschleunigt das Boot nicht mehr in den Böen, und es krängt stärker. Außerdem wirft sie mehr Abwinde ins Großsegel. Dennoch kann eine derart ausgewehte Genua den Eindruck erwecken, sie sei ganz gut. Denn sie hat naturgemäß ein flacheres Vorliek und erlaubt deshalb eine große Höhe. Die zusätzlichen Abwinde verleiten dazu, das Großsegel anzuknallen, was ebenfalls zu dem Gefühl beiträgt, man könne höher anliegen.

Es nützt nichts, in einem solchen Fall die Genuaschot-Holepunkte weiter nach hinten zu versetzen. Zwar öffnet sich dadurch die Düse zwischen Vor- und Großsegel, doch am schlechten Profil der Genua ändert sich nichts. Alles, was dabei herauskommt, ist eine geringere Höhe, aber kein Geschwindigkeitszuwachs.

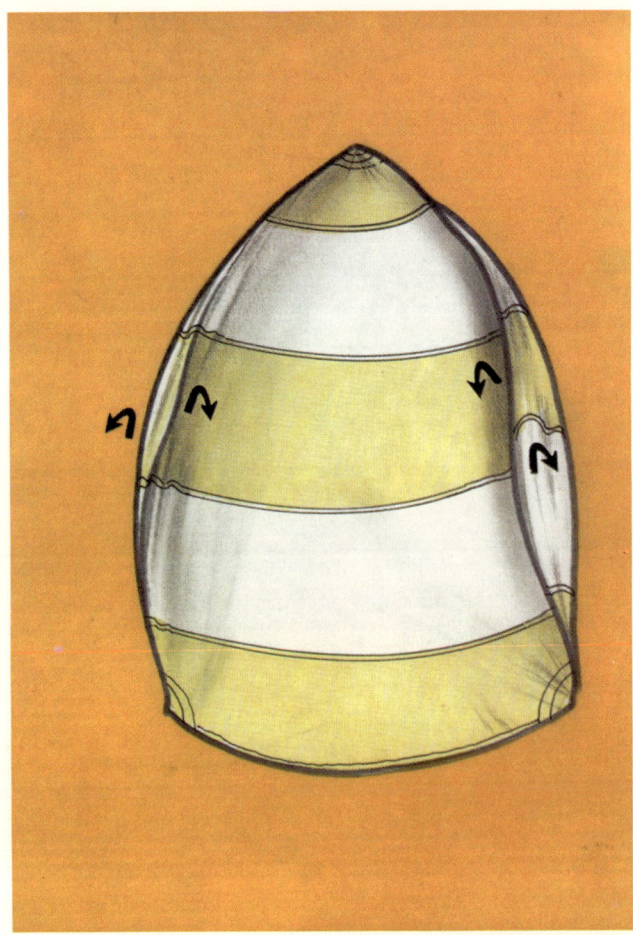

Spinnaker-Korrekturen

Ihren Spinnaker und sein Profil sollten Sie sich genau ansehen. Mit seinem leichten Tuch und seiner großen Fläche verlangt der Spinnaker mehr Aufmerksamkeit, als man gemeinhin annimmt.

Auch kann es leicht passieren, daß man die großen Profilveränderungen übersieht, denen ein Spinnaker im Verlauf der Saison unterworfen sein kann. Das ist wie mit einem Bekannten. Trifft man ihn jeden Tag, fällt einem kaum eine Veränderung auf. Sieht man sich nur einmal im Jahr, haben sich die kleinen Veränderungen an ihm unter Umständen zu einem deutlich sichtbaren Unterschied summiert. Es hat sich bewährt, den Spinnaker im Laufe des Sommers mehrere Male fotografieren zu lassen. So bleibt man ganz gut auf dem laufenden.

Oben zeigen wir zwei Fehler eines neuen und noch nicht ausgewehten Spinnakers, die leicht behoben werden können.

Das zu lose Fußliek (links) kann mit Abnähern korrigiert werden, wie sie auf Seite 30 beschrieben wurden.

Das Segel rechts hat zu lose Seitenlieken. Dieser Fehler wird sich im Laufe der Zeit von selbst beheben, da das Tuch sich stärker dehnen wird als die doppelt liegenden Säume. Man kann den Vorgang beschleunigen, indem man den Spinnaker öfter mal bei hartem Wetter hochzieht.

Ist dieser Spinnaker oben nicht etwas zu flach?

. . . und ist dieser oben nicht etwas zu voll?

Unkorrigierbare Fehler im Spinnaker

Zu den unkorrigierbaren Spinnakerfehlern gehören im Gegensatz zu den eben diskutierten jene, die auf einen langen Gebrauch zurückzuführen sind.

Es ist nicht empfehlenswert, einzelne Tuchbahnen in einem Spinnaker zu erneuern. Das neue Tuch wird erst allmählich den Dehnungsgrad erreichen, den die alten Bahnen nach langem Gebrauch inzwischen aufweisen. Man baut also nur neue Fehler ein.

Der häufigste Spinnakerfehler sind eingerollte Seitenlieken (Bild links). Ein solcher Spinnaker muß zu hart geschotet werden, wird deshalb zu viel Abwinde ins Großsegel werfen und entwickelt außerdem zu starke krängende Kräfte.

Viel kann man dabei nicht mehr tun. Am besten, man kauft einen neuen Spinnaker. Der alte wird nur noch bei leichtem Wetter etwas taugen.

Aufspüren verborgener Fehler

Wir haben jetzt die häufigsten Spinnakerfehler gesehen. Doch wie erkennen wir sie am gesetzten Segel? Sicher, einige Fehler sind leicht zu erkennen. Doch andere nicht. Um die versteckten Fehler zu erkennen, muß man auf ein anderes Boot gehen und sich den eigenen Spinnaker von Lee aus ansehen. Es ist ganz wichtig für einen Steuermann, sich sein Boot von einem anderen Schiff aus genau zu betrachten. Er sieht sein ganzes Rigg dann mit anderen Augen.

Man muß auch auf ein anderes Boot, um zu sehen, ob Mast und Segel zusammenpassen. Das hängt von vielen Faktoren ab, und es kommt bei ihrer Beurteilung sehr auf die persönliche Erfahrung an.

An den Reaktionen des Bootes kann man manchen Fehler erkennen. Ist beispielsweise das Großsegel-Achterliek zu geschlossen, wird das Boot stark luvgierig sein und sich in den Böen leicht aufs Ohr legen.

Andererseits wird ein Boot mit einem zu offenen Großsegel-Achterliek keine Höhe mehr laufen und sich auch in den Böen ohne besondere Schwierigkeiten halten lassen. Manche Spinnaker fallen auf spitzen Raumschots-Kursen plötzlich ein, ohne vorherige Anzeichen. Das kann für die Besatzung sehr frustrierend sein. Häufig liegt das einfach daran, daß der Spinnaker im oberen Bereich zu flach oder in den Seitenlieken zu geschlossen beziehungsweise zu ausgeweht ist. Ein Großsegel, das in den Böen viel Gegenbauch und doch ein offenes Achterliek aufweist, hat im Vorliek zuviel und an den Bahnkanten zuwenig Rundung. Sein Schnitt ist überholt.

Eine Genua mit einem zu geschlossenen Achterliek erlaubt zwar eine große Höhe, doch sie beschleunigt nicht und wirft zuviel Abwinde ins Großsegel.

Ein schwer zu erkennender Genuafehler gibt dem Steuermann das Gefühl, das Achterliek sei zu geschlossen, obwohl es perfekt aussieht. Die Ursache: Ganz oben ist der Achterliek-Saum etwas zu dicht. Dieser kleine Fehler kann viel ausmachen.

Wann neue Segel fällig sind

Neue Segel werden vor allem aus zwei Anlässen bestellt. Der erste Anlaß: Das Boot ist merklich langsamer geworden. Doch dann ist es meistens schon zu spät. Der Eigner hat bereits einige Regatten in den Sand gesetzt. Bis er die neuen Segel endlich hat, wird noch mehr Zeit verstreichen. Und nicht nur das. Weitere kostbare Zeit wird damit verlorengehen, das Boot mit den neuen Segeln neu einzutrimmen.

Der zweite Anlaß: Die neue Saison steht vor der Tür. Weil es üblich ist, zu Saisonbeginn neue Segel zu bestellen, schaffen die Segelmacher die Arbeit nicht mehr. Die Segel kommen zu spät zur ersten Regatta, und Zeit fürs Eintrimmen hat man auch keine mehr. Wie oft hört man nach einer enttäuschenden Regatta die Entschuldigung: „Es war die erste Regatta mit unseren neuen Segeln." Das kommt davon, wenn man zu spät bestellt.

Am besten bestellt man schon im Herbst, wenn man die Regatten der zurückliegenden Saison noch vor Augen hat und genau weiß, wie die neuen Segel aussehen müssen. Außerdem hat der Segelmacher dann mehr Zeit und kann sich mit den Wünschen des Auftraggebers ausführlicher beschäftigen.

Obendrein kriegt man seine Segel dann noch zum alten Preis oder gar mit Herbstrabatt. Wer so vorgeht, kauft billig und gut und kann sein Training im nächsten Frühling so rechtzeitig beginnen, daß eventuell erforderliche Änderungen noch vor dem ersten Start ausgeführt werden können.

Stark vergrößertes Segeltuch.

Oben: Ein lose gewebtes Tuch.

Mitte: Ein enggewebtes Tuch von 190 g/m² (entspricht 5,5 UK-Unzen beziehungsweise 4,35 US-Unzen).

Unten: Das gleiche Tuch nach dem Kalandrieren.

Segeltuch

Dacron (USA), Terylene (England), Tetoron (Japan), Tergal (Frankreich), Terital (Italien), Terlenka (Holland), Lavsan (UdSSR), Trevira (Bundesrepublik Deutschland) — die chemischen Bestandteile dieser Garne sind die gleichen. Die Unterschiede liegen in der Webart der Tuche und in ihrer Nachbehandlung.

Die Dehnungseigenschaften eines Tuches hängen von der Festigkeit des Gewebes ab und von der Zahl der Fäden pro Flächeneinheit. Darüber hinaus kann man die Diagonalfestigkeit des Tuches (Zugfestigkeit in 45° zu Schuß und Kette) sehr wesentlich mit einer Ausrüstung erhöhen, die oft aus einer Harzbeschichtung besteht.

Eine so erzielte Diagonalfestigkeit geht jedoch häufig auf Kosten der Quer- und Längsfestigkeit. Dem muß der Segelmacher bei der Auswahl seiner Tuche Rechnung tragen. Er muß entscheiden, ob es auf die Quer- und Längsfestigkeit oder auf die Diagonalfestigkeit ankommt.

Zunächst: Welcher Segelmacher ist der beste? Vielleicht gehören Sie zu den Leuten, die eine Firma gut kennen und ihr treu bleiben. Oder Sie bestellen beim Segelmacher am Platz, weil Sie die Vorteile des persönlichen Kontaktes schätzen. Vielleicht reizt Sie auch eine Firma, die mit niedrigen Preisen wirbt. Oder Sie halten sich an einen Segelmacher, der in Ihrem Club gut eingeführt ist, weil mit seinen Segeln viele Regatten gewonnen werden.

Für einen Hochleistungssegler jedoch sind diese Erwägungen, mögen sie auf den ersten Blick auch noch so attraktiv sein, falsch. Er muß international denken.

Sehen Sie sich in Ihrer Klasse um und achten Sie einmal darauf, welche Segel die Topleute fahren. Vielleicht ist es am sichersten, man fährt die gleichen. Wenn Sie bereits vorn mitmischen und nur noch der letzte Durchbruch fehlt, kann es sich aber auch lohnen, mit einem unbekannten jungen und ehrgeizigen Segelmacher zu experimentieren. Das kann aber auch teuer werden.

Machen Sie nicht den Fehler, grundsätzlich alle Ihre Segel beim selben Segelmacher zu bestellen. Sehen Sie sich die großen Gewinner an. Sie werden merken, daß ihre Großsegel, Focks und Spinnaker oft von verschiedenen Segelmachern kommen. Selbst zwischen Hartwetter- und Leichtwetter-Segeln werden unterschiedliche Marken gefahren. Es gibt Spezialisten für jede Art von Segeln, und es kommt nicht darauf an, alle Segel vom selben Segelmacher zu haben, etwa damit sie aerodynamisch gut zueinander passen.

Wenn Sie Ihre Segel bestellen, können Sie dem Segelmacher natürlich ruhig Detailangaben machen, beispielsweise zu den Biegekurven von Mast und Baum, oder über Gewicht und Länge Ihres Vorschotmannes. Aber nur selten lohnt es sich, etwas anderes als das jeweilige Standardsegel für Leicht- oder Hartwetter zu bestellen.

Weder kann noch wird der Segelmacher Segel machen, die minimale Variationen von Boot zu Boot berücksichtigen. Immer wieder soll ein Segelmacher mit diesem oder jenem Trick eine Wundertüte fabrizieren, mit der man alle anderen Boote stehenläßt. Diese Leute vergessen, daß der Segelmacher das schon längst machen würde, wenn er einen gangbaren Weg gefunden hätte. Denn er ist mehr als jeder andere scharf darauf, daß seine Segel gewinnen. Deshalb wird er seinen Kunden immer empfehlen, sich auf seine Standardsegel zu verlassen. Mit jeder Abweichung geht er ein Risiko ein. Wenn Sie dennoch Sonderwünsche haben, sollten Sie

sich auf solche beschränken, die Sie wirklich begründen und aus eigener Kenntnis der Segelmacherpraxis vertreten können.

Vor allem kommt es darauf an, dem Segelmacher zu sagen, unter welchen Bedingungen das Segel in erster Linie gesegelt werden soll: Hartwetter, Leichtwetter, Allround, rauhes Wasser, Seewelle, glattes Wasser, Binnenrevier.

Der Segelmacher kann und wird keine Extrawünsche für Minimal-Unterschiede von Boot zu Boot berücksichtigen.

Auf den beiden Fotos unten sehen Sie sehr unterschiedliche Genuas. Doch beide sind für Mittelwetter gedacht. Die Genua links ist für rauhes Wasser geschnitten, die andere für glattes Wasser. Das Rauhwasser-Segel ist im unteren Bereich voll und weiter oben eher flach. Das andere Segel ist in sich flacher, vor allem im unteren Bereich.

Man sollte mit dem Segelmacher nicht nur über den Schnitt sprechen, sondern auch über die Tuchqualitäten, die er verarbeitet. Sagen Sie ihm, er soll das optimale Tuch im optimalen Gewicht verarbeiten, ohne Rücksicht auf den Preis.

Es gibt noch ein paar andere Punkte, über die Sie sich mit Ihrem Segelmacher verständigen sollten. So zum Beispiel die Art, wie Sie Ihr Vorsegel setzen. Viele Segler akzeptieren heute zum Beispiel ein Vorsegel, das zwar ein zu kurzes Vorliek hat, dafür aber mit dem Unterliek direkt auf Deck aufliegt, so daß dort kein Druckausgleich nach Lee erfolgen kann.

Der Segelmacher muß auch wissen, ob das Achterliek mit einem Trennmesser abgeschnitten und verschweißt werden soll, oder ob Sie einen gewöhnlichen Saum vorziehen. Sobald Sie sich auf das Tuch geeinigt haben, wird der Segelmacher wissen, was besser ist.

Manchmal können kürzere Latten als die erlaubten den Stand des Segels verbessern und die Stufe vermeiden, die sich oft entlang der vorderen Lattenspitzen im Segelprofil bildet.

Bei der Auswahl der Spinnakerfarben sollten Sie sich nicht nur von der Schönheit leiten lassen, sondern auch daran denken, daß Ihr Vorschotmann stundenlang in den Spinnaker starren und das kleinste Killen erkennen muß, ohne daß es ihm vor den Augen flimmert.

Wenn man den Statistiken glauben darf, werden vor allem Leichtwettersegel bestellt. Das ist erstaunlich. Man wird den Verdacht nicht los, daß sie ziemlich schnell auswehen und dann nur noch bei hartem Wetter gesegelt werden. Das ist hochgradig verkehrt, denn ein solches Segel kann unmöglich den Profilschwerpunkt vorlich von der Mitte und ein offenes Achterliek haben. Das jedoch sind die beiden Eigenschaften, die ein Schwerwettersegel aus entsprechend schwerem Tuch auszeichnen. Am Ende der Saison sollten Sie also Ihre Segel sorgfältig durchsehen und prüfen, welche geändert werden müssen, welche überhaupt nichts mehr taugen und welche noch in Ordnung sind.

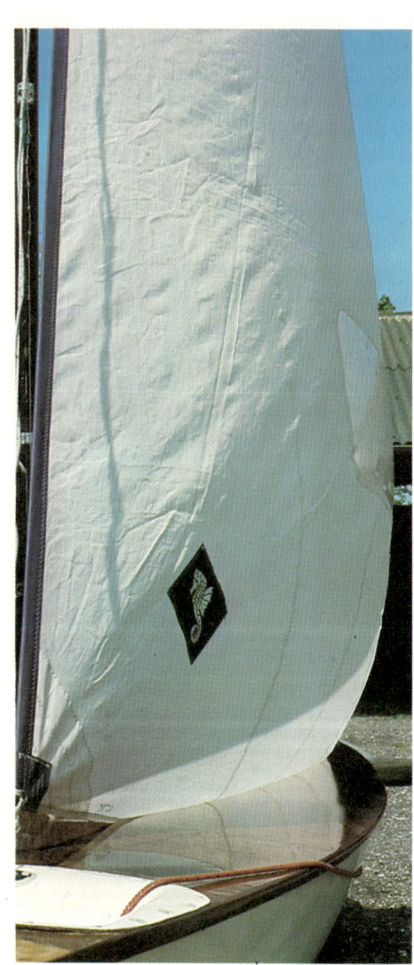

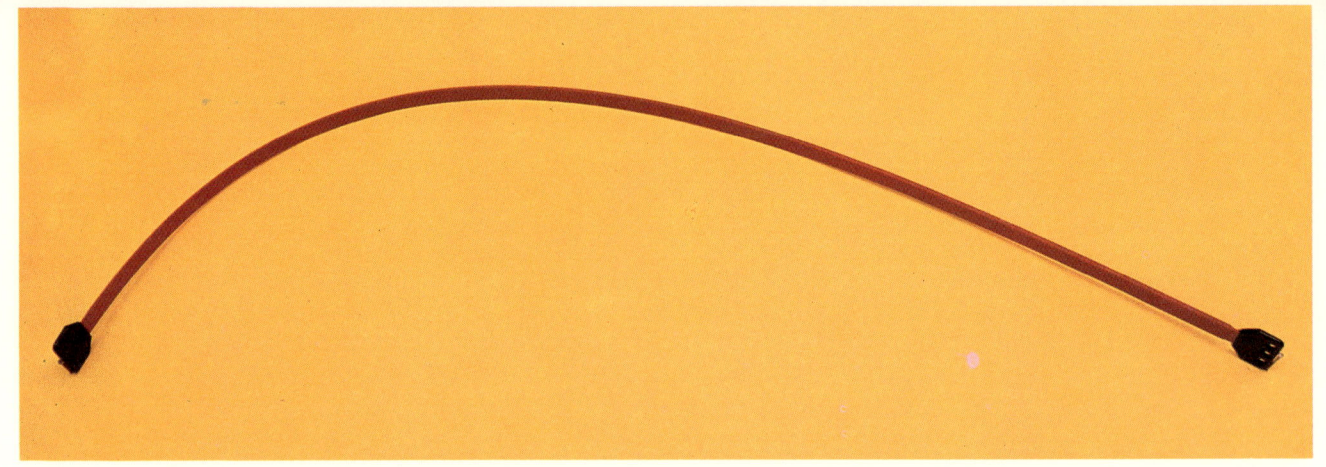

Segellatten

Jedes Segel braucht seine eigenen Latten, mit einer Flexibilität, die dem jeweiligen Profil entspricht. Jede einzelne Latte hat ihre feste Lattentasche und sollte entsprechend markiert sein (siehe Foto unten). Der Pfeil auf dieser Latte weist auf die vordere Spitze. Der Buchstabe „L" bedeutet Leichtwetter-Segel. Die Ziffer „3" bedeutet, daß es sich um die dritte Latte von oben handelt.

Die ideale Segellatte ist leicht, mit kleinem Querschnitt und unterschiedlicher Flexibilität, nach hinten steifer werdend (siehe Foto oben). Latten für Leichtwetter-Segel sollten generell weicher sein, damit das Segel im Achterliek-Bereich rund genug wird. Selbst Hartwetter-Latten sollten am vorderen Ende recht flexibel sein, damit der Übergang vom abgestützten zum nicht abgestützten Bereich des Segels möglichst stufenlos bleibt.

Die modernen unzerbrechlichen Kunststoff-Latten sind besser als die alten aus Holz. Vor allem, wenn es sich um durchgehende Latten handelt, die unter einem besonders hohen Stauchdruck stehen und deshalb leichter zerbrechen als andere. Der Stauchdruck der Latte in der Tasche kann meist durch Bändsel reguliert werden, mit denen die Tasche verschlossen ist. Auf diese Weise kann die Biegekurve der Latte vor allem an ihrem dünnen vorderen Ende verändert werden.

Bei durchgehenden Latten kann die Biegekurve auch von einem Draht kontrolliert werden, der vom Topp herab über die einzelnen, aus dem Segel herausragenden Lattenenden läuft und am Baum über eine Trommelwinsch fährt. Ein verstärkter Zug auf den Draht erhöht den Stauchdruck auf alle Latten gleichmäßig und vertieft das Segelprofil (siehe Seite 60).

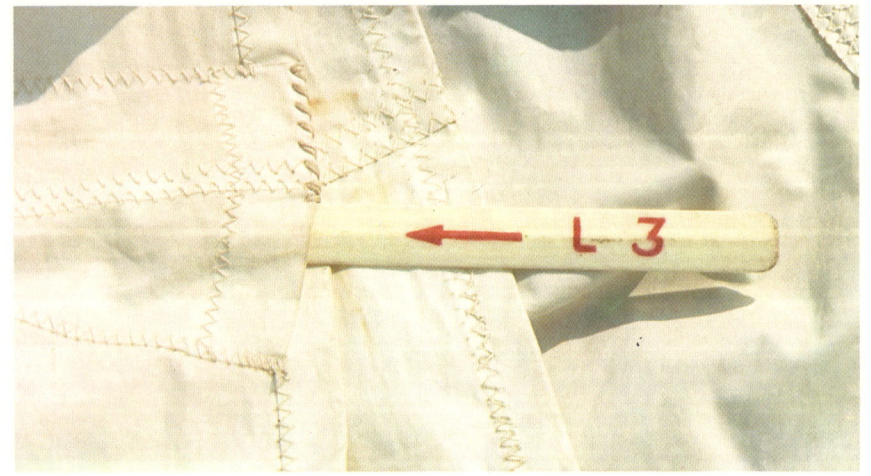

Windfäden im Segel

Windfäden sind meist aus Wolle oder Nylon und werden etwa 20 Zentimeter hinter dem Vorsegel-Vorliek mit einer Nadel durch das Segeltuch gezogen. Sie werden als Steuerhilfe hoch am Wind benutzt, vor allem in Genuas mit flachem Vorliek, die ohne Vorwarnung killen. Steuert man zu hoch, flattert der Faden in Luv nach vorn. Wirbelt dagegen der Lee-Faden hin und her, dann segelt man zu voll. Am besten sind dunkle Wollfäden, die durch das Tuch schimmern, wenn sie glatt anliegen. Der Kurs ist optimal, wenn der Faden auf beiden Seiten glatt anliegt.

Auch im Großsegel können Wollfäden nützlich sein. Bei leichtem Wetter helfen sie, die richtige Traveller-Position zu ermitteln. Dabei kommt es darauf an, den unvermeidlichen Abriß der Luftströmung auf der Leeseite des Großsegels soweit wie möglich nach hinten zu verschieben. Die Windfäden in Lee zeigen, wo die Abrißgrenze liegt (siehe Zeichnung unten). Wo die Fäden umherwirbeln, ist die Luftströmung bereits abgerissen. Hier zieht das Segel nicht mehr optimal. Bei leichtem Wetter kommt es darauf an, den Traveller so hoch wie möglich in Luv zu fahren, ohne daß die Leeströmung im Großsegel zu früh abreißt. Fährt man verschiedene vertikale Windfaden-Reihen im Segel, dann kann man sehr schön sehen, wie weit man bei unterschiedlichen Windstärken mit dem Traveller gehen kann.

a zu wenig Höhe

b genau richtig

c zu hoch am Wind

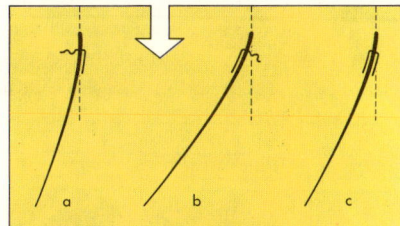

50

Beschläge und Ausrüstung

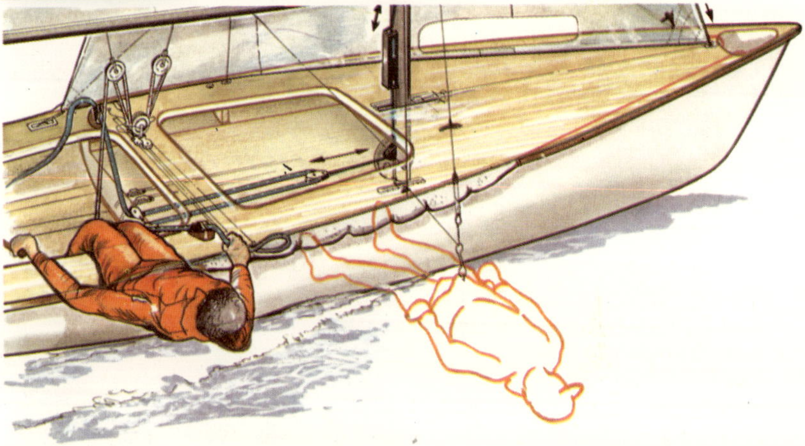

Die korrekte Plazierung der Beschläge

Vor allem kommt es darauf an, daß die Ausrüstung des Bootes unter allen Wetterbedingungen einwandfrei funktioniert und ihre Bedienung reibungslos klappt. Jeder Beschlag muß also da sitzen, wo er leicht erreichbar und weder den Seglern im Wege ist, noch andere Beschläge blockiert. Strecker und Kontrolleinen müssen so geschoren sein, wie es der individuellen Arbeitsweise der Besatzung und den optimalen Ausreitpositionen im Boot entspricht.

Nicht nur die Positionen der Kontrolleinen, sondern das ganze Cockpit- und Decks-Layout sollte auf die persönliche Arbeitsweise der Besatzung zugeschnitten sein. Dabei kommt es sehr auf den Körperbau und die Größe der einzelnen Besatzungsmitglieder an. Deshalb gleicht ein Spitzenboot nie genau dem anderen.

Bild rechts oben: Die Streckerklemmen sind der besseren Übersicht halber markiert und so ausgerichtet, daß sie auch beim Ausreiten bedient werden können.

Bild Mitte: Eine gute Methode, beim Ausreiten die Genuafall-Spannung zu verändern.

Bild unten: So kann man auf einem 470er vom Trapez aus den Fockschot-Holepunkt verstellen. Das Trapezsystem ist automatisch, die Haken wechseln von selbst (siehe auch Seite 142).

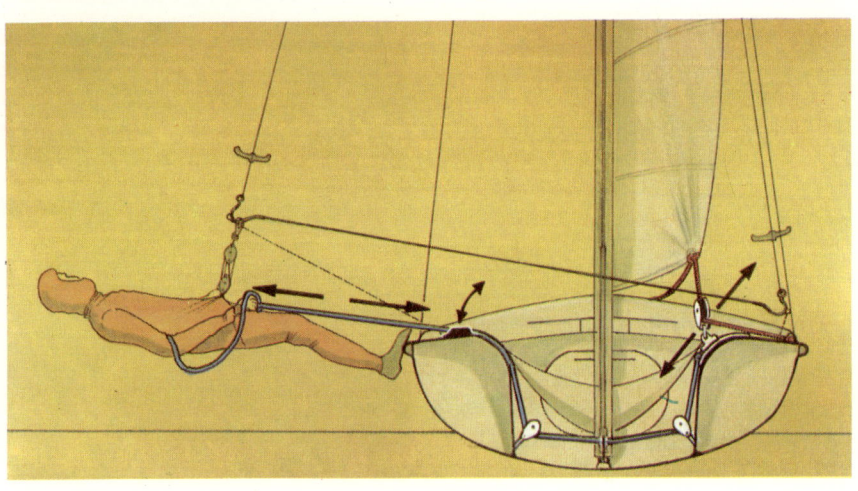

Das obere Bild links zeigt deutlich eine zu hohe Konzentration von Bedienungselementen. Hier ist es schwierig, eine Leine zu bedienen, ohne nicht mit den anderen ins Schleudern zu kommen. Die Beschlagsanordnung ist schlecht geplant. Die Spinnaker- und Genuaschot beispielsweise werden so dicht beieinander geführt, daß man leicht zur falschen greifen kann. Außerdem wird der Steuermann vor dem Wind mit Sicherheit auf dem Spinnaker-Achterholer sitzen, und bei leichtem Wetter wird er an der Kreuz direkt auf den Klemmen Platz nehmen müssen.

Rechts oben wird eine Spinnakerschot-Führung unter Deck gezeigt mit einer Klemme, die senkrecht gegen das Cockpitsüll gesetzt ist. Ein Auge unter der Schotklemme sorgt dafür, daß die Schot immer an der richtigen Stelle zur Hand ist. Das Deck ist sauber und übersichtlich, und der Steuermann kann nicht auf der Schot sitzen. Im Bild ist unter der Klemme ein Taljen-Kasten („Bier-Kasten") zu sehen.

Links unten im Bild ein sehr gebräuchliches Traveller-Arrangement, das jedoch Nachteile hat. Der Steuermann muß die Pinne loslassen, um den Traveller zu bedienen. Da kann man sich weder konzentrieren noch den Traveller genau einstellen. Außerdem zeigt die Schotklemme in die falsche Richtung. Der Steuermann muß sich verrenken, um sie zu bedienen.

Rechts unten auf demselben Bootstyp (Soling) ein wesentlich besseres Traveller-Arrangement. Der Traveller wird nicht mit der Pinnenhand, sondern mit der anderen gefahren. Die Klemme weist zum Steuermann in Ausreit-Position, so daß der Steuermann den Traveller bedienen und gleichzeitig ins Groß-

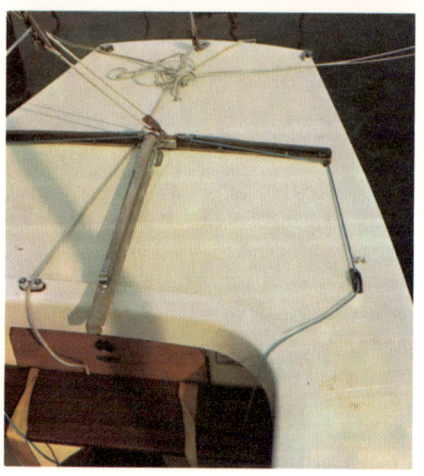
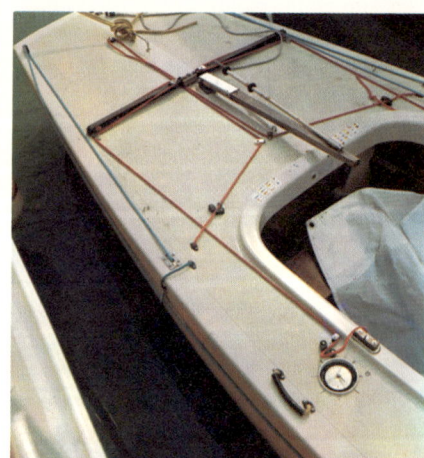

segel blicken kann, ohne daß seine Konzentration am Ruder darunter leidet. Die Enden der Kontrolleinen verschwinden unter Deck und sind nicht mehr im Wege.

Auf den beiden Zeichnungen rechts oben sehen wir drei verschiedene Arten, einen Knarrblock an Deck liegend zu montieren. Beide im linken Bild gezeigte Methoden sind falsch. Die Blockachse sollte genau den Winkel halbieren, den die umgelenkte Schot bildet (rechts). Nur so sind die Scherkräfte minimal.

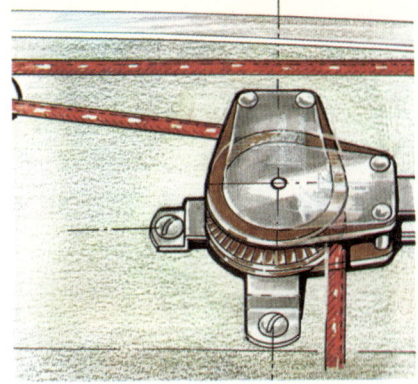 

Rechts unten ist ein Spinnakerbaum abgebildet mit einem Spezial-Endbeschlag für besonders schnelle Manöver. Der nach unten weisende Bügel dreht sich um zwei Blindnieten, mit denen er am Baum befestigt ist. Ein kurzer Draht stellt die Verbindung zum Riegel her, der den Haken am Baumende absperrt. Auf diese Weise kann man den Riegel entweder direkt mit dem Bügel oder vom Cockpit aus über die Perlonleine öffnen. Das geht schneller.

Auch das rote Klebeband am Baum hat seine Bedeutung. Es ist fluoreszierend, so daß der Vorschotmann auch dann den Baum im schummerigen Dunkel unter Deck finden kann, wenn seine Augen vom hellen Sonnenlicht und den Reflexen auf dem Wasser geblendet sind.

Klemmen und Lenzer müssen unbedingt an den richtigen Stellen angebracht sein. Streckerklemmen müssen so ausgerichtet und möglicherweise auf einen Keil gesetzt sein, daß sie genau in die natürliche Zugrichtung des Arms weisen, der sie normalerweise bedient. Unter Umständen müssen Leitaugen montiert werden, um die Streckerführung zu verbessern.

Das Bilgewasser sammelt sich am tiefsten Punkt im Rumpf. In einer aufrecht gesegelten Jolle ist das meistens der Bereich unmittelbar hinter dem Schwertkasten, und genau dort müssen die Lenzventile eingebaut werden. Da man das Boot bei hartem Wetter jedoch nicht immer ganz aufrecht segeln kann, lohnt es sich oft, ein zweites Lenzer-Paar auf dieser Höhe, aber weiter außen einzubauen.

Denken Sie auch daran, die Lenzer vor Fußtritten zu schützen. Unter dem Brückendeck oder Reitbalken sind sie recht geschützt gegen unbeabsichtigte Beschädigungen, die im Eifer des Gefechts immer auftreten können.

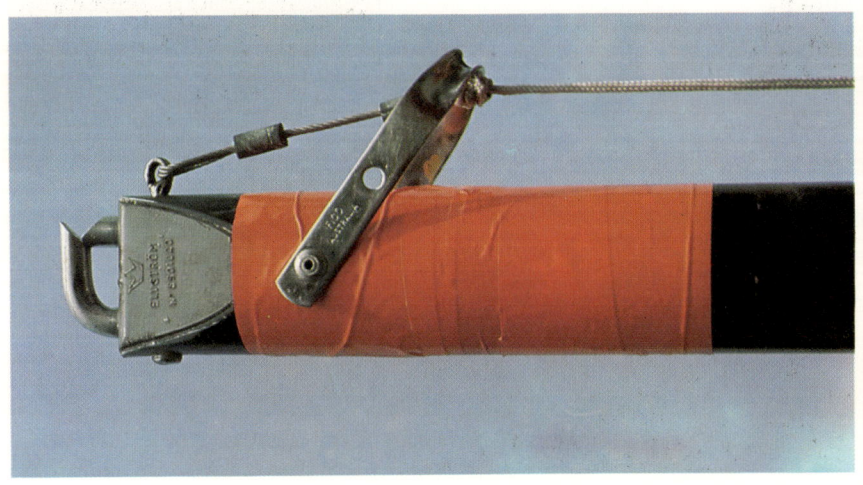

Sehr wichtig ist es, darauf zu achten, daß die Beschläge nicht der arbeitenden Besatzung im Wege sind. Wenn insbesondere Klemmen, Leitaugen und Winschen schon an Deck montiert werden müssen und sich kein anderer Platz für sie findet, so sollte man zumindest darauf achten, daß man weder mit der Kleidung an ihnen hängenbleiben noch sich an ihnen verletzen kann.

Im oberen Bild ein schlecht durchdachtes Arrangement, über das der Vorschotmann sich nur ärgern wird. Winsch und Knarrblock sind zu nahe beieinander, so daß die Schoten leicht miteinander verwechselt werden können. Die Spinnakerschot wird an Deck geführt, so daß im entscheidenden Moment immer gerade jemand auf ihr sitzen wird.

Unten, ebenfalls auf einer Soling, ein weit besseres Arrangement. Die Winsch sitzt weit vorn, Spinnakerschot und die dazugehörige Klem-

me werden unter Deck gefahren, die Traveller- und Großschot-Klemmen liegen zwischen Steuermann und Mittschiffsmann, und der Kompaß ist im Deck eingelassen. Die Bedienungselemente des Steuermanns liegen ihm gut zur Hand und stören nicht die übrige Besatzung.

Es ist sehr wichtig, daß Winschen mit ihrer Achse genau rechtwinklig zum Schotzug stehen. Sonst vertörnt sich die Schot auf der Trommel und blockiert.

Auf die Beschläge kommt es an, und ihre Größe muß passen. Aber sie sollten nicht jeder für sich, sondern als geschlossenes System gesehen werden. Denn oft muß man sie unter Zeitdruck nacheinander bedienen, zum Beispiel beim Runden der Luvtonne:

Großschot fieren.
Genuaschot fieren und neu festsetzen.
Schwert hoch.

Spinnakerfall hoch.
Spinnakerbaum am Mast und Segel anschlagen.
Spinnaker-Achterholer festsetzen.
Spinnakerbaum-Toppnant und -Niederholer einstellen und festsetzen.
Beide Vorliek-Strecker fieren.
Lenzer öffnen.
Großbaum-Niederholer dicht.

Diese Serie von Handgriffen darf nicht durch Bedienungsfehler oder blockierte Leinen unterbrochen werden. Die richtige Klemme und Leine muß sofort zur Hand sein.

An Land sieht vielleicht alles ganz schön aus. Doch in der nervösen Hektik einer Regatta ist alles anders. Da kann alles mögliche schiefgehen. Stellt sich nach den ersten Regatten heraus, daß die Verteilung der Beschläge nicht hinhaut, sollen Sie sich hinsetzen und sich die nötigen Änderungen überlegen. Was machen schließlich schon ein paar Bohrlöcher mehr, wenn es

darum geht, die nächste Regatta zu gewinnen.

In dem links unten abgebildeten Boot sitzt die Klemme für den Vorliek-Strecker senkrecht am Schwertkasten. Das macht einen guten Eindruck, denn der Strecker ist kurz und einfach geschoren, die Klemme stört dort niemanden und ist dort auch schnell montiert.

Dennoch sitzt die Klemme falsch. Denn der Vorliek-Strecker muß bei auffrischendem Wind dichtergenommen werden, und das kann dieser Steuermann nur, wenn er sich ins Cockpit hineinlehnt. Dabei gehen sowohl seine aufrichtende Kraft wie seine Konzentration am Ruder in einem Moment verloren, in dem es ganz besonders drauf ankommt (rechtes Foto). Das kostet einige Meter, die am Ende vielleicht fehlen. Ist die Klemme von außen zu bedienen, läßt sich der Verlust vermeiden.

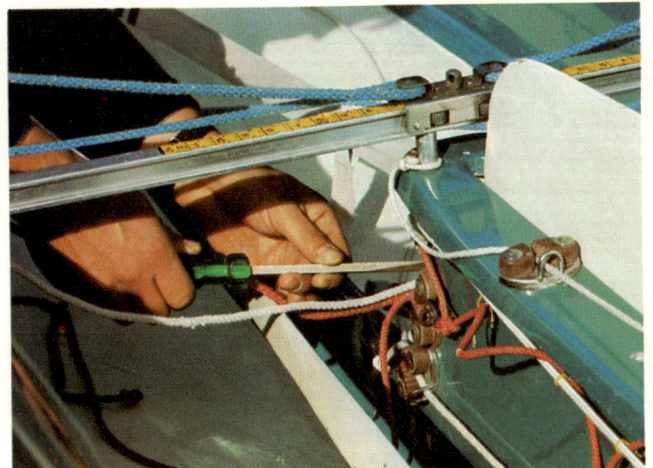

Der richtige Beschlag am richtigen Platz

Man kommt nicht weit, wenn man alle Beschläge aus dem Katalog eines einzigen Herstellers kaufen will. Man muß sich jeden einzelnen Beschlag genau vornehmen und sich überlegen, wo man ihn herbekommt und wie er möglicherweise für einen ganz bestimmten Einsatzzweck noch geändert werden müßte. Es kann zum Beispiel durchaus sein, daß man für drei verschiedene Strekker oder Kontrolleinen drei verschiedene Schotklemmen braucht.

Auf folgende Punkte ist ganz besonders zu achten:

Festigkeit: So stark wie möglich, aber so leicht wie nötig.

Gewicht: Kleinvieh macht auch Mist. Ein bißchen leichter hier, ein bißchen leichter da — das summiert sich zu einer spürbaren Gewichtsersparnis. Auf keinen Fall aber darf die Gewichtsersparnis auf Kosten der Zuverlässigkeit und der schnellen Bedienung gehen.

Einfachheit: Alle Beschläge müssen absolut narrensicher zu bedienen sein und auch bei „Zustand" an Bord einwandfrei funktionieren.

Konstruktion: Je unkomplizierter ein Beschlag ist, desto weniger kann daran kaputtgehen.

Sehen Sie sich jeden Beschlag im Hinblick auf diese Punkte an und versetzen Sie sich dabei in die Praxis an Bord. Nehmen wir zum Beispiel einen einfachen Schäkel:

Wie stark wird er belastet werden? (Festigkeit).

Woraus sollte er sein — nichtrostender Stahl, Messing, Eisen verzinkt, Aluminium, Nylon? (Gewicht). Wie soll er verriegelt werden? Bolzen mit Bajonett-Verschluß, Gewindebolzen mit Auge, Gewindebolzen

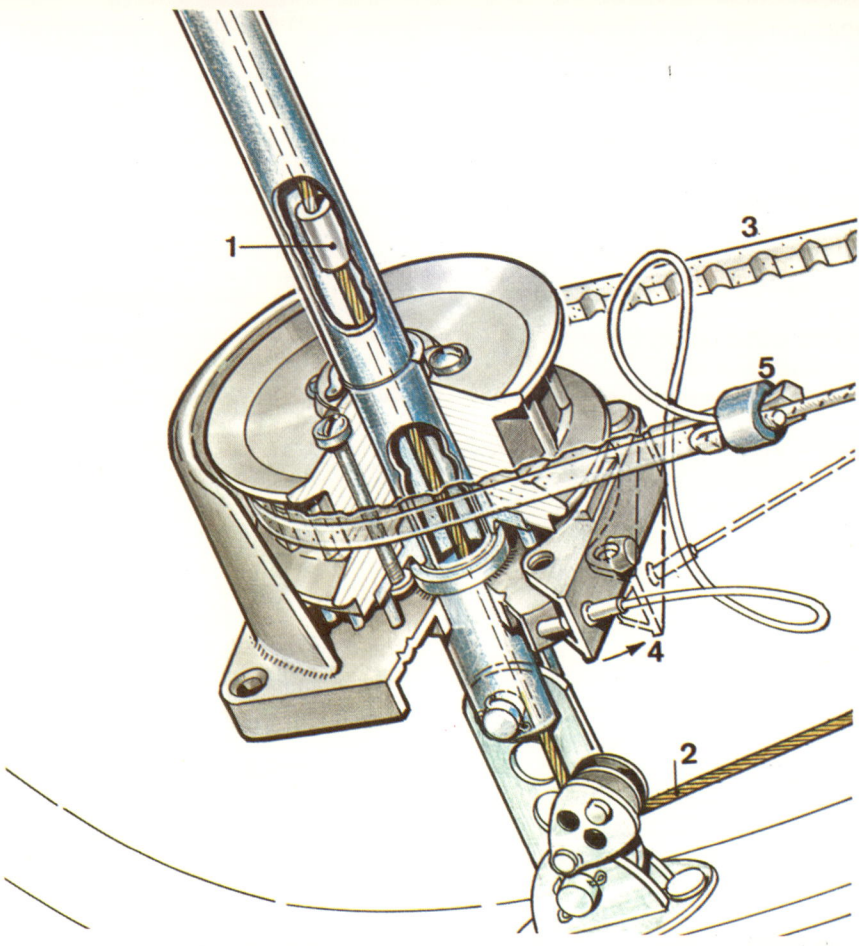

mit Flachzunge, Gewindebolzen mit Linsen-Schraubkopf? (Bedienung). Geht er von allein auf?

Hat er scharfe Kanten, an denen sich etwas vertörnen kann?

Ist er leicht zu öffnen? (Konstruktion).

Es gibt Ausrüstungsteile, die von Haus aus kompliziert sind. Zum Beispiel das Rollfock-System.

Zunächst muß man sich für eines der möglichen Systeme entscheiden. Das System kann beispielsweise aus einer einfachen Nylon-

leine bestehen, die um eine Drehtrommel gewickelt wird. Oder, im anderen Extrem, aus einer Winschtrommel mit Rücklaufsperre, die mit Pumpbewegungen über einen Hebel oder eine Leine bedient wird. (Siehe Zeichnung.)

Das Rollfock-System mit Rücklaufsperre wurde entwickelt, weil sich in der einfacheren Ausführung die Leine auf der Drehtrommel leicht vertörnt und den ganzen Apparat blockiert. Das einfachere System ist außerdem langsamer, muß mit beiden Händen bedient werden und bringt noch mehr loses Tauwerk ins Cockpit. Andererseits ist dies System billiger und leichter, und in einigen Fällen kann man die dazugehörige Leine auch gleich entsprechend verlängert als Spinnakerfall fahren, was den Leinensalat im Cockpit dann sogar spürbar verringert.

Das Pumpsystem hat vor allem drei Vorteile: Es läßt sich schnell und mit nur einer Hand bedienen; die Fock läßt sich sehr schnell entrollen, ohne daß dabei eine Leine die Trommel blockieren kann; und schließlich erlaubt dieses System sogar den Einbau eines Vorliekstrekkers.

Im einzelnen zeigt die Schnittzeichnung:

(1) Das Drehgelenk des Vorliekstrecker-Drahtes im Innern des Drehrohres.

(2) Den nach achtern ins Cockpit umgelenkten Vorliekstrecker-Draht.

(3) Den Zahnriemen zum Antrieb der Trommel.

(4) Die Rücklaufsperre.

(5) Gummistropp, der den Zahnriemen nach jedem Pumpenschlag wieder in seine Ausgangsstellung zurückzieht. Am Rückholgummi hängt auch der Stropp, der die Rücklaufsperre zum Entrollen der Fock freigibt.

Ein anderer ganz hervorragender Beschlag ist die Taljenbox („Bierkasten") zur Regulierung der Genuafall-Spannung. Die Talje kann sechs- oder achtfach geschoren sein. Der vordere Rollensatz gleitet auf seiner Achse in den beiden seitlichen Führungsschlitzen des Kastens. Das Fall wird an diesen beweglichen Rollensatz geschäkelt, die holende Part der Taljenbox wird nach achtern ins Cockpit umgeleitet (siehe Foto Seite 22).

Diese Taljenbox kann auch für Wanten verwendet werden und wird dann unter Deck montiert (siehe Seite 52). Andere Einsatzgebiete sind das Achterstag, der Großbaum-Niederholer oder, auf größeren Booten, die Vorliek-Strekker. Baut man die Box um auf Schub, kann sie im Deck als Mast-Kontroller eingesetzt werden.

Ein Material, das auf Booten so unentbehrlich werden wird wie die vor Jahren eingeführten Gummistropps, ist der Klettenverschluß. Es gibt viele Dinge im Boot, die man mit Hilfe des Klettenbandes schnell und praktisch aus dem Wege räumen und irgendwo vorübergehend festsetzen kann. Das Bild unten rechts zeigt beispielsweise, wie man die Spinnakerschoten mit Klettenband am Cockpitsüll festsetzen kann: Mit Tape wird der eine Streifen des Bandes am Süll festgeklebt, die Gegenstreifen werden um die Spinnakerschot-Enden gewickelt und ebenfalls mit Tape festgeklebt.

Der Vorteil ist klar. Die Schot kommt frei, sobald der Spinnaker hochgezogen wird, und der Spin-

naker kann dabei nirgends hängenbleiben. Mit einem kleinen Ruck ist auch der Achterholer frei, und durch einfaches Andrücken sind beide wieder am Cockpitsüll befestigt, sobald der Spinnaker geborgen ist. Das ist nur eins von vielen Beispielen, wie man Probleme praktisch und einfach mit Klettenband lösen kann.

Auch mit transparenter Klebefolie, die man im Papierwarenhandel bekommt, kann man auf Booten viel anfangen. So kann man die Lenzöffnungen im Spiegel mit der Folie zukleben und spart die schweren umständlichen Spiegelklappen. Die Klebefolie ist absolut wasserdicht und wird nach einer Kenterung einfach durchstoßen. Inspektionsluks kann man mit ihr zukleben, Segelanweisungen und Kurskarten damit an Deck befestigen.

Reparaturen sollten möglichst auch ohne Werkzeug ausgeführt werden können. Kipphebel- statt Gewindebolzen oder Bolzen mit Schlüsselring- statt der üblichen Splinte beispielsweise sind zwei Verbindungselemente, für die man keine Werkzeuge braucht.

Vorteilhaft sind auch Knarrblöcke,

deren Rücklaufsperre man für Vormwind-Kurse oder leichtes Wetter ausschalten kann. So ein Block eignet sich zum Beispiel sehr gut als Großschot-Fußblock.

Immer wieder kommt es vor, daß die Spinnakerschot an der Nock des Großbaums hängenbleibt. Das kann man vermeiden, wenn man ein dünnes, etwa 30 Zentimeter langes Bändsel vom Großsegel-Achterliek zur Baumnock herabführt. Ganz praktisch ist auch ein nach hinten offener Haken an der Unterseite des Großbaums, der die Spinnakerschot bei leichtem Wetter trägt, damit sie nicht ins Wasser hängt. Das sind zwei typische Beispiele für Dinge, die man auf einem Spitzenboot einfach haben muß.

Wichtig ist es, welche Selbstlenzer man einbaut. Es gibt sie in sehr unterschiedlichen Lenz-Kapazitäten, und es gibt auch Leichtgewichts-Lenzer aus Nylon statt rostfreiem Stahl.

Selbstlenzer werden zwar meistens mit sehr viel Sorgfalt in die Außenhaut eingepaßt, aber niemand kümmert sich so richtig darum, wie man sie am besten bedient. Es ko-

stet Fahrt, wenn man erst hereinkommen und sich im Cockpit bükken muß, um die Lenzer zu öffnen. Warum also keine Fernbedienung? Im Bild links oben wird ein fernbedienter Lenzer gezeigt. Der Sperrhebel des Lenzers wurde abgebaut, so daß der Steuermann ihn mit dem Fuß nach unten treten kann, während er außenbords trimmt. Geschlossen wird der Lenzer durch Zug an der roten Leine, die zu einer Klemme auf dem Seitendeck führt.

In der Mitte zeigen wir einen Baumbeschlag für den Mast. Der Beschlag braucht keine Flügelmut-

ter zum Festsetzen und auch keine Extranut. Er läuft in der Segelnut des Mastes frei auf und nieder. Mit einem Splint im Mast kann der Gleitweg des Plastikschlittens so begrenzt werden, daß das Großsegel-Unterliek die untere Meßmarke erreicht. Bestandteil des Beschlages sind zwei Stahlbacken mit verschiedenen Bohrungen zur Aufnahme unterschiedlich konstruierter Segelhälse. Die ganze Konstruktion ist funktionsgerecht, einfach und billig.

Rechts unten im Bild eine Notizplatte aus weißem Plastik, die für

den Steuermann leicht erreichbar aufs Seitendeck geklebt ist. Mit wasserfestem Filz- oder Fettstift können hier Kompaßkurse von Marke zu Marke festgehalten werden, oder auch die Segelnummern von Booten, die für einen Protest wichtig sind.

Man kann weitere Platten aufkleben, zum Beispiel mit den Flaggensignalen, den Segelanweisungen oder Bahnkarten. Sehr praktisch ist so eine Notizplatte auch zum Aufschreiben von Trimmstreifen-Zahlen (siehe später) oder als Gedächtnisstütze für notwendige Reparaturen am Boot oder an den Segeln.

Auch einen Spinnakerschot-Abweiser in Form eines leichten Drahtbügels am Vorsteven sollte man nicht vergessen. Der Bügel weist nach vorn und oben und ist auf solchen Booten wichtig, deren Vorstag direkt am Vorsteven angeschlagen ist und wo die Spinnakerschot leicht am Vorsteven herab ins Wasser rutschen kann. Auf dem FD oder der Soling beispielsweise braucht man diesen Bügel daher nicht.

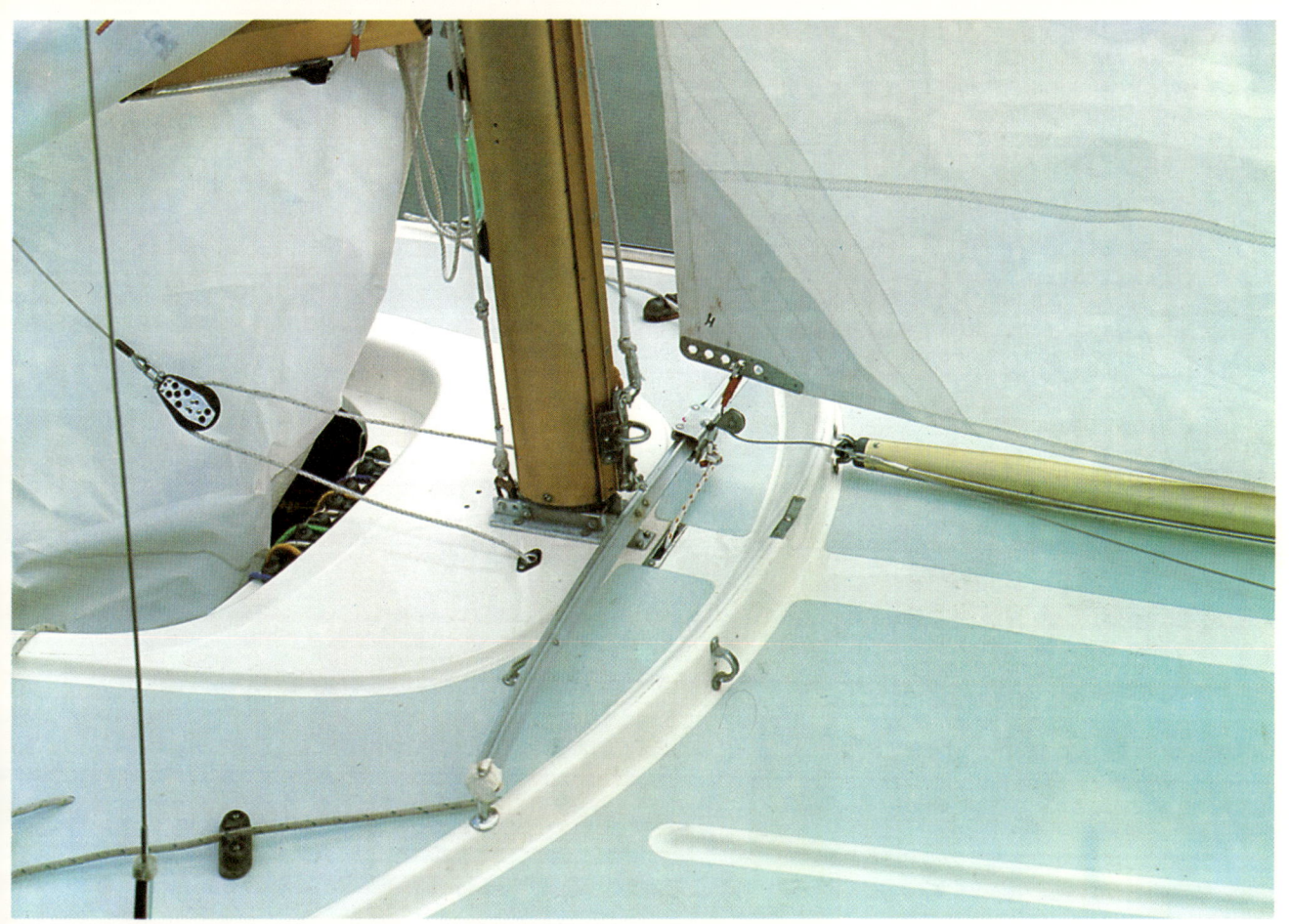

In der Starklasse ist die selbstwendende Fock entwickelt worden, deren Schothorn an einem Schlitten und einer kreisbogenförmigen Schiene geführt wird. Solche Einrichtung kann man jetzt auch auf anderen Booten mit schlanken, hohen Vorsegeln beobachten, zum Beispiel auf der Soling (siehe oben).

Als Schot wird in diesem System ein einfach geschorener Draht gefahren, der vom Schothorn zum Schlitten und von dort nach vorn zum Steven läuft, wo er ins Cockpit umgelenkt wird. Der Draht wird mit einem Tau verlängert, das in einer Schotklemme fährt und dort so festgesetzt wird, daß die Fock optimal geschotet ist. Danach braucht die Schot in einer Wende nicht mehr berührt zu werden. Das Schothorn rutscht auf der Schiene von allein auf die andere Seite. So kann die Mannschaft bis zum letzten Moment das Schiff ausreiten und nach der Wende sofort auf der neuen Luvseite wieder in Ausreit-Position gehen, ohne sich um die Fock kümmern zu müssen. Außerdem hat man die Gewißheit, daß die Fock auf dem neuen Bug genauso perfekt steht wie auf dem alten.

Der Schlitten wird wie ein Traveller gefahren und kann an jeder beliebigen Stelle festgesetzt werden. Traveller und Schot können so geschoren werden, daß sie in Ausreit-Position bedient werden können.

Allerdings bietet dieses System keine Verstellmöglichkeit des Holepunktes in Längsschiffsrichtung. Deshalb hat das Schothorn der Fock ein Lochband, was auf das gleiche hinauskommt (siehe Bild).

Dieses System kann auch angewandt werden, wenn die Fock den Mast etwas überlappt. Die Schiene wird dann im Mastbereich entsprechend nach vorn gebogen. Allerdings darf die Fock nicht viel überlappen.

Auf Seite 48 lasen Sie bereits, daß die Biegung der Segellatten vor allem bei Segeln mit durchgehenden Latten von großem Einfluß auf das Segelprofil ist. Auf dem nebenstehenden Bild zeigen wir, wie man das Profil eines Segels mit durchgehenden Latten sehr gut kontrollieren kann.

Der Draht, der von Lattenspitze zu Lattenspitze läuft, ist ganz oben angeschlagen und führt unten am Baum zu einer kleinen Trommelwinsch. Das Achterliek ist gleichmäßig gerundet, so daß ein zunehmender Zug auf den Draht den Stauchdruck auf die Latten erhöht und sie stärker biegt. Auf diese Weise wird ein tieferes Profil in das Segel gedrückt, so daß dieses Segel bei jeder Windstärke gefahren und sogar auf Kreuz- und Vorwind-Kurse eingestellt werden kann. Die Winsch kann entweder vorn am Baum oder sogar am Mast montiert sein, so daß der Vorschotmann sie auch beim Segeln jederzeit erreichen kann. Allerdings sind durchgehende Segellatten wie hier auf dem Olympia-Katamaran Tornado nicht in allzu vielen Klassen erlaubt. Und wo sie erlaubt sind, sollte man an den zusätzlichen Windwiderstand des Drahtes denken, bevor man sich für dieses System entscheidet.

Trapezboote müssen unbedingt außen auf dem Seitendeck einen möglichst versenkbaren Führungshaken für den Spinnaker-Achterholer haben. Sonst kommt der Vorschotmann mit dem Achterholer unklar, wenn er den Spinnaker aus dem Trapez fährt (Fotos rechts oben). Ist der Haken nicht versenkbar, besteht die Gefahr, daß andere Leinen wie beispielsweise die Genuaschot an ihm hängenbleiben. Spinnakerbaum-Endbeschläge müssen sehr stabil, aber auch sehr leicht und schnell zu bedienen sein. In der Mitte links zeigen wir einen ganz einfachen Haken, der mit einem festen Gummistöpsel verriegelt wird. So ein Haken ist schnell, aber weich und auch nicht absolut narrensicher. Am Mast kann er sich von selbst lösen, und unter Umständen kann auch der Achterholer herausfallen.

Der sehr stabile Haken auf dem Bild in der Mitte rechts wird von einem Federbolzen verriegelt. Das ist eine sehr sichere Verriegelung. Am Segel wird er durch Zug auf die weiße Nylonleine entriegelt, am Mast stößt man einfach mit dem krummen Haken gegen den Ringbeschlag.

Manchmal gibt es unter Deck keinen Platz für Hebel-Wantenspanner beziehungsweise Taljenboxen zur Verstellung der Wanten. Unten rechts im Bild zeigen wir einen sehr guten Wantenspanner mit einem eingebauten Klapphebel. Mit dem aufgeklappten Hebel kann man den Spanner drehen, zugeklappt sichert er ihn. Auch für diesen Beschlag braucht man kein Werkzeug. Bemerkenswert ist auch seine gute Kardangelenk-Verbindung zum Rüsteisen.

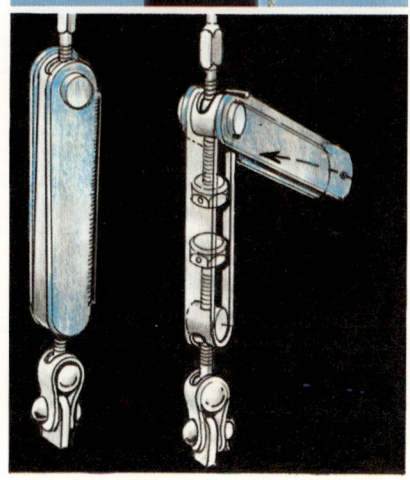

Genaue Kontrolle der Einstellungen

Will man wirklich alles aus dem Boot herausholen, dann muß man in der Lage sein, jederzeit den Trimm verändern zu können. Zunächst kommt es darauf an, Standardeinstellungen zu ermitteln und sich so zu merken, daß man sie jederzeit bei Bedarf wiederholen kann. Am besten sieht man sich dazu vorher die Spitzenboote der eigenen Klasse an. Und was man dann braucht, sind genaue Markierungen auf dem eigenen Boot.

Einige gute Verstelleinrichtungen zeigen wir auf dieser Seite. Oben ein verstellbarer Vorschot-Holepunkt mit Federknopf-Arretierung. Ein derart verstellbarer Holepunkt ist viel besser als ein fester. Numeriert oder markiert man die Löcher in der Schiene, kann man sich die optimalen Positionen besser merken.

Im Bild unten ein Markierungsbeispiel für einen Kontrolldraht, der mit Hilfe von aufgewalzten Kugeln verstellt werden kann. Dies System ist viel besser als ein Tau in einer Schotklemme. Denn es erleichtert die Zusammenarbeit an Bord. Der Steuermann kann beispielsweise zum Vorschoter sagen: ,,Setz die Wanten auf Nummer 3 und nimm

das Genuafall zwei Kugeln dichter.'' Da sind Irrtümer ausgeschlossen.

Am besten ist es, wenn man die einzelnen Positionen mit den dazugehörigen Windstärken markiert. Weht es beispielsweise mit Stärke 3, dann weiß Ihr Vorschotmann genau, daß die Drähte auch auf Nummer 3 eingestellt werden müssen. (Siehe Bilder.)

Das geht allerdings nicht immer. Denn jedes Segel ist anders und muß individuell eingestellt werden. Aber solche Markierungen sind

besser als vage Anweisungen wie: ,,Setz das Genuafall mal etwas mehr durch.'' Wobei es dann weitergeht mit: ,,Gut so?'' — ,,Nein, das war zuviel. Laß es wieder etwas kommen.'' Und so fort. Das stiftet nur Verwirrung. Die Mannschaft segelt unaufmerksam, das Boot wird während des Umtrimmens langsamer.

Auf dem Bild oben zeigen wir einige gute Markierungs-Beispiele. So an der Großbaum-Nock für den Unterliek-Strecker, auf der Traveller-Schiene und neben der Fock-

Trimmstreifen

Nicht überall kommt man mit numerierten Löchern oder Kugelpressungen auf Drähten aus, wenn man bestimmte Einstellungen markieren will. Wo dies nicht geht, kann man zum Beispiel mit Farbe oder Filzstift das Deck beschriften. Am besten sind aber selbstklebende Trimmstreifen, die es heute überall im Fachhandel gibt.

Diese Trimmstreifen haben eine numerierte Skala, wie ein Maßband, und können praktisch neben jeden beweglichen Beschlag geklebt werden. So zum Beispiel auf die Baumnock neben den Unterliek-Strecker, auf Deck neben die Fockholepunkt-Schiene, auf die Traveller-Schiene, an den Mast neben den Vorliek-Strecker, aufs Vordeck neben den Mast-Kontroller (siehe Seite 22) oder auch aufs Kielschwein neben den Mastfuß.

holepunkt-Schiene. Auch an der Schiene eines in Längsschiffsrichtung verstellbaren Schwertes kann man Trimmstreifen sehr gut gebrauchen, während sich für ein hochholbares Ruderblatt wiederum der Draht mit Kugelpressungen besser eignet als ein Tau, das in einer Schotklemme gefahren wird. Das gilt auch für Toppnant und Niederholer des Spinnakerbaums. Gewinde-Wantenspanner kann man durch Lochbänder ersetzen, deren Löcher markiert oder numeriert werden. Markierungen auf der Scheuerleiste können zeigen, wo der Trapezmann bei unterschiedlichen Windstärken stehen soll. Am besten arbeitet man dort gleich Ausbuchtungen für die Füße des Trapezmannes ein. Auch der Großbaum-Niederholer kann mit einem Draht und Kugelpressungen besser auf Standard-Positionen eingestellt werden.

Trimmprotokolle mit Hilfe von Trimmstreifen

Es ist schlechterdings unmöglich, alle Zahlenkombinationen für die je nach Windgeschwindigkeit, Wellenbild oder gesetztem Segel unterschiedlichen Trimmkombinationen im Kopf zu behalten. Am besten notiert man jede als optimal ermittelte Trimmeinstellung auf einem hierfür vorbereiteten Trimmprotokoll. Für jede Einstellung verwendet man einen neuen Protokollbogen. Beim Ermitteln der optimalen Einstellung sollte man sogar jede Versuchseinstellung protokollieren. Das erleichtert eine sorgfältige Analyse der unterschiedlichen Einstellungen und führt schließlich zum jeweils optimalen Trimm, der dann auf dem Trimmstreifen oder sonstwie am Boot markiert wird. Je mehr Einzeldaten aus den Protokollen hervorgehen, desto weniger kann man falsch machen.

Ein guter Trimmprotokoll-Vordruck berücksichtigt alle Details, die für einen optimalen Trimm ausschlaggebend sind. Man braucht nur noch die auf dem Wasser abgelesenen Markierungsdaten, Windstärke und Wellenbild sowie die Segel einzutragen, die man während der Trimmfahrt oder der Regatta fuhr.

Natürlich sieht ein guter Protokoll-Vordruck in jeder Klasse etwas anders aus. Nebenstehend ein verkäufliches Standard-Protokollblatt, das für eine ganze Reihe von Klassen benutzt werden kann. Wer damit nicht auskommt, kann auch sein eigenes Protokollblatt entwerfen.

Allerdings, wenn dieses System wirklich etwas nützen soll, dann muß man jede Regatta gewissenhaft protokollieren. Dabei sollten nicht nur gute Einstellungen und gute Ergebnisse berücksichtigt werden, sondern auch Versager und ihre Gründe. Dann verfällt man auf der Suche nach einer besseren Einstellung nicht so leicht in alte Fehler.

Natürlich sind neben der Windstärke und dem Wellenbild für das Trimmprotokoll auch das Gewicht des Vorschotmannes wichtig, mit oder ohne Ballastkleidung, und — nicht zu vergessen — Einzelheiten über die Konkurrenz.

Wir haben bereits gesehen, daß einige Segel beispielsweise für rauhes und andere für flaches Wasser ausgelegt sind. Sie müssen entsprechend unterschiedlich getrimmt werden. Nach der Auswertung der Trimmprotokolle eines ganzen Sommers sollte man sich über diese Unterschiede und über die anderen Grundeinstellungen im klaren sein. Oft führt diese Auswertung zu überraschenden Ergebnissen, die dann die Grundlage bilden für einen erfolgreichen nächsten Sommer.

Auf Grund der Auswertung aller Trimmprotokolle sollte ein Leitprotokoll angelegt werden, das zu jeder Veranstaltung mitgenommen wird und die Grundeinstellung des Schiffes nach dem Auftakeln enthält.

Auf größeren Booten sollte man dieses Leitprotokoll auch mit nach draußen aufs Wasser nehmen. Dann hat man eine bessere Vergleichsmöglichkeit mit den Einstellungen, die aus dem Protokoll für die gerade vorherrschenden Wind- und Wellenbedingungen hervorgehen. Auf Jollen und kleineren Kielbooten ist diese Buchführung allerdings etwas unpraktisch. Hier bietet sich wiederum eine Notiztafel für die wichtigsten Leit-Einstellungen an.

Muster eines Trimmprotokolls, wie es Rolf Bähr für die Soling „Darling" von Willi Kuhweide erarbeitet hat. Dieses Protokoll basiert auf den Erfahrungen, die Bähr seinerzeit mit Trimmbögen für die Tempest gemacht hat.

DARLING CREW

Trimmbogen Nr. .... für Soling Nr. .... Datum ....

Mannschaft: ....

Gewicht: .... kg .... kg .... kg

Wetter: Revier:

a.) Wind .... Richtung .... Stärke ....

b.) Welle .... Richtung .... Höhe ....

c.) Kurs ....

Riggeinstellung:

Wanten	Markierung	....
		....
Achterstag	Markierung	....
Vorstag	Markierung	....
Fockfall (Tuch)	Markierung (Kugel)	....
Bulltaille	Markierung	....

Vorsegel   Typ ....

            Stand ....

Holepunkt   Markierung auf Draht ....

Traveller   Markierung auf Schiene (Band) ....

Schothorn   Loch Nr. (von hinten nach vorn) ....

Großsegel   Typ .... Latten ....

            Stand ....

Unterliek   Markierung (Band) ....

Cunningham   Markierung (Band) ....

Traveller   Markierung (Band) ....

Großschot   Markierung ....

Spinnaker   Typ ....

            Typ ....

            Typ ....

Baum   Höhe auf Fockstag (raum) ....

            Höhe bei Vorwind ....

Verhalten des Bootes (Allgemeines)

Das Trimmen des Bootes

Vortrimmen an Land

Mastposition und Mastfall

Beim Aufriggen an Land muß man sich als erstes über die Position des Mastes im Fuß klar werden. Eine allgemein gültige Aussage hierüber ist nicht möglich, weil die ideale Position von Boot zu Boot anders ist.

Ein Klassenneuling hält sich beim Trimmen am besten an die Altmeister. Natürlich gibt es einige Grundregeln. Zum Beispiel die, daß man den Mast weiter nach vorn stellt, wenn das Boot zu luvgierig ist, und umgekehrt. In einer Jolle kann man eine zu starke Luv- beziehungsweise Leegierigkeit auch mit dem Schwert korrigieren, sofern es in Längsschiffsrichtung verstellbar ist (siehe Seite 92).

Aber es gibt auch Ausnahmen. So kann man eine zu starke Luvgierigkeit auf Booten mit stark überlappenden Genuas auch ausgleichen, indem man den Mast weiter nach *achtern* versetzt. Denn dadurch öffnet sich die Düse zwischen Genua und Großsegel, und der

An der Kreuz sollte der Mast gewöhnlich mit Fall nach achtern gefahren werden.

Vor dem Wind ist es meistens besser, den Mast nach vorn zu neigen.

fluß auf die Düse. Und läßt man den Vorsegel-Holepunkt an derselben Stelle, ändert sich durch eine Veränderung des Mastfalls auch der Zug auf das Vorsegel-Achterliek.

Daher können wir das Boot auch ganz einfach mit mehr Mastfall auf zunehmenden Wind umtrimmen. Das ergibt eine offenere Düse und ein offeneres Vorsegel-Achterliek, und genau das braucht man, wenn es härter weht. Wie weiter hinten auf Seite 98 beschrieben, wird das Boot dann zwar nicht mehr die alte Höhe laufen, aber es läuft dafür schneller und ist leichter zu halten.

Vor dem Wind ist es immer besser, dem Mast Fall nach vorn zu geben. Am besten sogar, indem man ihn im Fuß nach hinten nimmt. Dann kann man nämlich außerdem den Großbaum noch weiter auffieren (siehe nebenstehendes Foto). Aber dieser Trimm bringt auch noch andere, kompliziertere aerodynamische Vorteile.

Machen wir nicht den Fehler, Mastfall und Mastkurve nach hinten miteinander zu verwechseln. Sie werden aus ganz unterschiedlichen Gründen angewandt und haben ganz unterschiedliche Wirkungen.

Der Steuermann muß sich genau darüber im klaren sein, wie das Trimmproblem aussieht und ob er ihm am besten mit mehr Mastfall, mehr Mastbiegung oder einer Kombination daraus beikommen kann. Und das geht nur, wenn er auf seinen Trimmprotokollen die Trimmstreifen-Ziffern und die Auswirkungen einzelner Trimmveränderungen notiert. Durch die seitliche Biegung des Mastes wird die Sache nicht eben einfacher. Dennoch kann man anhand der Trimmprotokolle ohne Umwege zu einer guten Analyse kommen.

Winddruck im vorderen Teil des Großsegels wird nicht mehr so stark durch Genua-Abwinde aufgehoben. Auf Booten mit kaum überlappenden Vorsegeln kann die Luvgierigkeit zunehmen, wenn die Fockschot-Holepunkte weiter nach innen verstellt werden. Auch dann hilft es manchmal, den Mast weiter nach achtern zu nehmen, und umgekehrt.

Im allgemeinen kann man sagen, daß der Mast hoch am Wind Fall nach achtern haben soll (siehe Foto auf der linken Seite). Nur bei leichtem Wetter kann es besser sein, den Mast aufrecht oder gar mit leichtem Fall nach vorn zu fahren.

Wenn man den Mast im Fall oder im Fuß nach achtern trimmt, bleibt das hoch am Wind nie ohne Ein-

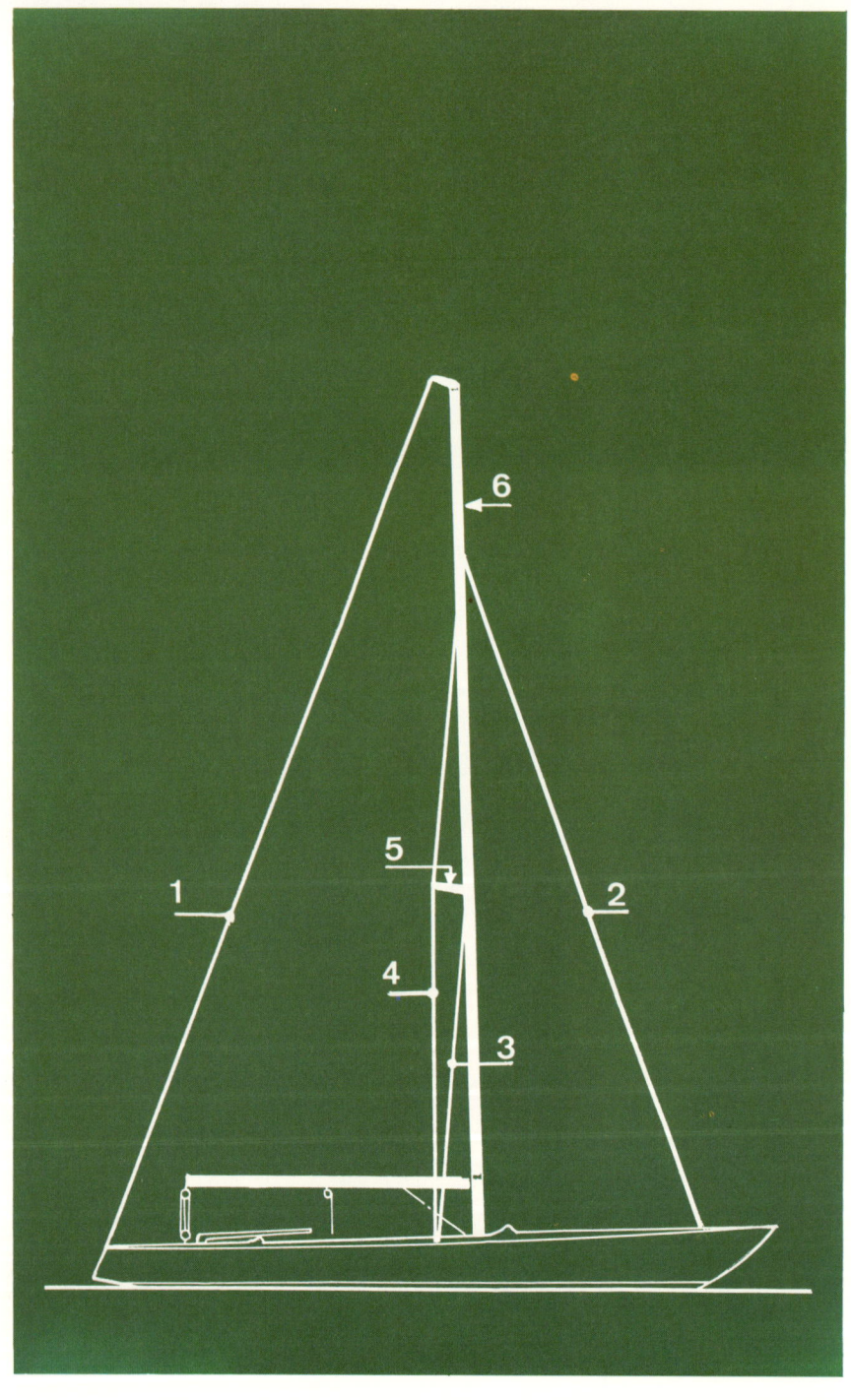

Ganz intensiv beschäftigen muß man sich mit dem stehenden Gut — mit den Spannungen der einzelnen Wanten und Stage in Abhängigkeit voneinander und in ihren Auswirkungen auf den Mast und vor allem auf die Segel, denn darauf kommt es letztlich an. Die Zeichnung links zeigt ein typisches Soling-Rigg. Es scheint uns das ausgereifteste Rigg in den kleineren Regattaklassen zu sein und eignet sich deshalb ganz besonders gut als Anschauungsbeispiel.

Wenn man den Mast ins Schiff stellt, kommt es zunächst darauf an, daß Rumpf und Mast senkrecht stehen. Hat man das geschafft, sollten die Wantenspanner in dieser Stellung entsprechend markiert werden, damit man einen Ausgangspunkt hat. Als nächstes werden alle Wanten und Stagen so stark angespannt, daß der Mast gerade und ruhig im Schiff steht. Erst dann wird durch zusätzliche Spannung auf den einzelnen Drähten der Grundtrimm eingestellt.

Das Achterstag (1) hat eine doppelte Funktion. Nimmt man es dichter, kommt automatisch auch das Vorstag (2) stärker unter Spannung, was hoch am Wind wichtig ist. Darüber hinaus wird mit dem Achterstag aber auch die Mastkurve über den Masttopp (6) vorherbestimmt. Das Ausmaß dieser vorherbestimmten Mastkurve und die damit zusammenhängende Vorstagspannung können durch die Spannung der Unterwanten (3) kontrolliert werden. Manchmal werden die Unterwanten sehr lose und auf vielen Booten sogar in Schlitten auf dem Deck gefahren, damit man ihre Spannung schnell ändern und neuen Verhältnissen anpassen kann.

Wird das Achterstag vor dem Wind gefiert, dann fällt nicht nur der Mast nach vorn. Gleichzeitig hängt dann auch das Vorstag durch und macht die Fock bauchiger, während die Mastmitte von den Unterwanten gehalten wird, was wiederum dem Großsegel ein volleres Profil gibt.

Die seitliche Mastbiegung und die Auswirkungen unterschiedlich starker Oberwant-Spannungen sowie unterschiedlich langer oder gepfeilter Salinge wurden bereits auf den Seiten 20 bis 25 besprochen. Die zusätzlichen Unterwanten in dem hier gezeigten Rigg erweitern die Verstellmöglichkeiten.

Soll der Mast hoch am Wind ohne Seitenbiegung gefahren werden, dann muß die Spannung auf den Oberwanten normalerweise größer sein als auf den Unterwanten. Denn die Oberwanten sind länger und haben deshalb auch mehr Reck. Wäre die Spannung beider Drähte gleich stark, würde der Masttopp nach Lee auswandern.

Weitere Trimmöglichkeiten hat man, wenn man die Unter- oder auch Oberwanten auf Schlitten in Längsschiffsrichtung verstellen kann. Oder wenn die Salinge entweder fest gefahren werden oder zwischen zwei genau festgelegten Anschlägen frei fluchten können. Im allgemeinen kann man sagen, daß man die Seitwärtsbiegung des Mastes besser und seine Biegung nach achtern schlechter kontrollieren kann, wenn die Wanten auf Deck weiter nach vorn wandern, und umgekehrt.

Viele Leute drehen Wanten und Stagen nach Gefühl an. Besser ist es jedoch, einen Spannungsmesser zu benutzen (siehe Foto). Am Ende sollte man sich noch einmal davon überzeugen, daß der Mast immer noch senkrecht im Schiff steht. Das macht man am besten mit einem Gewicht am Großfall. Dabei muß natürlich auch das Boot auf ebenem Kiel stehen.

Die Wantenspannung wird besser gemessen als geschätzt.

Vorsegel-Vorliekspannung

Wenn man von der Vorsegel-Vorliekspannung spricht, muß man sich darüber im klaren sein, daß es sich hier um zwei verschiedene Spannungen handelt.

Das Vorsegel hat einen Draht im Vorliek, der unter einer bestimmten Spannung gefahren wird. Dann gibt es aber auch noch die Spannung, unter der das Tuchvorliek des Segels in bezug auf diesen Draht steht. Sie wird entweder durch den Segelmacher eingearbeitet oder kann durch ein Cunningham Hole und einen Vorliek-Strecker während des Segelns verändert werden.

Das Vorsegelfall, an dem der Vorliekdraht des Segels ja gefahren wird, muß stark genug durchgesetzt werden. Sonst hängt das Vorsegel-Vorliek nach Lee und nach hinten durch. Deshalb sollten Fallen aus Draht und nicht aus Tauwerk sein, das sich zu sehr reckt. Mit durchhängendem Vorliek läuft das Boot keine Höhe mehr. (Siehe Zeichnung auf der linken Seite.) Darüber hinaus wird das Vorsegel mit durchhängendem Vorliek voller, sein Achterliek schließt sich und das Boot ist schwerer zu halten (Zeichnung rechts).

Das Vorsegel kann entweder mit Stagreitern oder sonstwie am Vorstag aufgehängt oder aber völlig frei gefahren werden. Fährt es frei, dann trägt der Luvdraht des Segels die ganze Spannung. Anders als beim hier gezeigten Boot hängt das Vorstag dann frei vor dem Vorsegel und dient nur noch als Reservestag für den Notfall, oder zur Abstagung des Mastes, solange das Vorsegel nicht gesetzt ist.

Mit der Spannung auf das Vorliektuch wird in hohem Maße die Position und die Tiefe des Vorsegelprofils kontrolliert. Zunehmende Vorliekspannung hindert den Profilschwerpunkt daran, unter zunehmendem Winddruck nach hinten zu wandern. Die Profiltiefe bleibt da, wo sie sein soll, das Profil wird in sich flacher, das Achterliek etwas offener. Genau darauf kommt es bei zunehmendem Wind an. Bei abnehmendem Wind wird die Vorliekspannung verringert. Das Profil wird voller, das Achterliek schließt sich etwas und entwickelt mehr Vortrieb.

Die Tuchspannung im Vorsegel-Vorliek ist also ausschlaggebend für die Geschwindigkeit. Deshalb ist es wichtig, daß das Vorliek nur oben im Segel am Liekdraht befestigt ist und unten über ein Cunningham Hole im Liekband und einen Vorliek-Strecker vom Cockpit aus kontrolliert werden kann. (Siehe auch die Abschnitte Vorsegel und Vorsegel-Korrekturen auf den Seiten 27–31.)

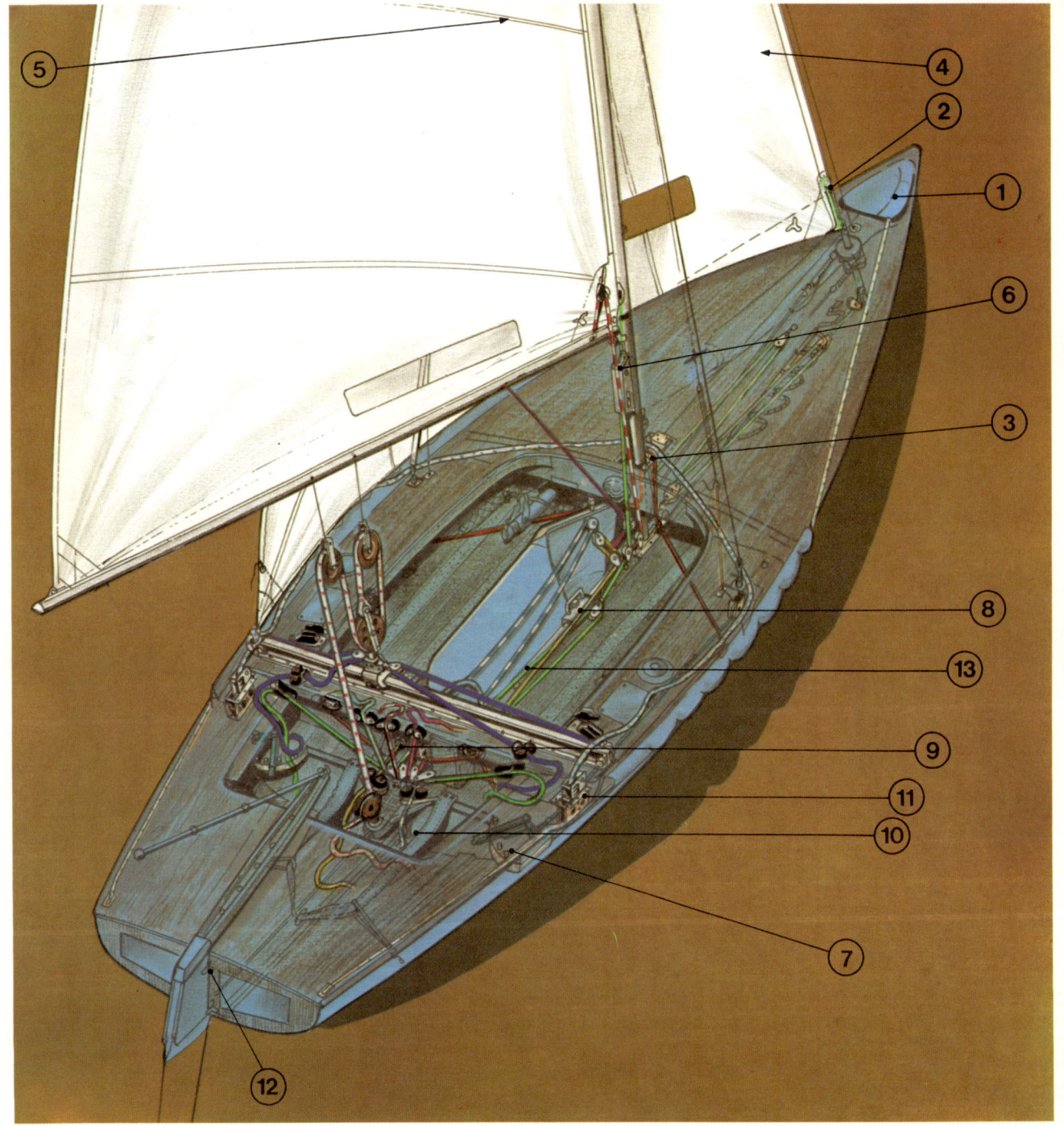

Schlußkontrolle an Land

Bevor Sie zur Regatta auslaufen, sollten Sie grundsätzlich nochmal prüfen, ob am Boot auch alles stimmt. Am besten stellen Sie für Ihr Boot eine Checkliste auf, nach der Sie sich jedesmal sorgfältig richten. Eine Checkliste könnte etwa so aussehen:

Kompasse

1. Spinnaker klar zum Setzen?

2. Vorsegel-Vorliekspannung? (Endeinstellung draußen mit dem Vorliek-Strecker)

3. Mast-Kontroller im Deck?

4. Sitzen die Salinge noch stramm im Mastbeschlag?

5. Sind die richtigen Segellatten drin?

6. Vorsegelfall-Spannung?

7. Entsprechen Want- und Stagspannungen den heutigen Bedingungen?

8. Schwertposition längsschiffs?

9. Sind alle Strecker klar und nicht vertörnt?

10. Funktionieren die Lenzer, sind sie geschlossen?

11. Sitzen die Holepunkte für die heutigen Bedingungen richtig?

12. Sitzen das Ruder und seine Beschläge noch stramm, ohne Spiel?

13. Sind Schwert und Unterwasserschiff sauber?

14. Sind alle vorgeschriebenen Ausrüstungsgegenstände an Bord?

15. Sind die Segelanweisungen, die Bahnkarte und die Protestflagge an Bord?

Man kann sich Bruch und Ärger sparen, wenn man sich grundsätzlich nach einer solchen einfachen Checkliste richtet, bevor man das Boot zu Wasser bringt.

Anforderungen an einen guten Kompaß

Noch heute benutzen viele Steuerleute den Kompaß auf dem Wasser nur, um die nächste Bahnmarke zu finden. Andere bauen sich einen Kompaß ein, weil sie meinen, ihr Boot sieht dann rassiger aus. Aber sie haben keine Ahnung, was sie mit ihm anfangen sollen.

Ein Kompaß, richtig gebraucht, kann sehr viel zu guten Regattaergebnissen beitragen und viel sogenanntes Pech vermeiden. Dabei kommt es sehr auf den richtigen Kompaß an. Er muß folgende Anforderungen erfüllen:

Man muß ihn in allen Lagen ablesen können, auch beim Außenbordtrimmen.

Er muß robust sein.

Man muß ihn so einbauen können, daß er nicht stört.

Er muß leicht sein.

Er muß auch bei größerer Krängung noch einwandfrei anzeigen.

Oft empfiehlt es sich, statt eines mittschiffs montierten Kompasses je einen Kompaß in den Seitendecks einzulassen, damit sie beim Ausreiten besser abgelesen werden können

Das Erkennen von Winddrehungen

Normalerweise kommt der Wind aus einer Grundrichtung, um die er rhythmisch und in bestimmten Anschlägen hin- und herpendelt. Dieses Windmuster ist immer wieder anders. Um es richtig zu erkennen, muß man vor dem Start schon einige Zeit gegen den Wind aufkreuzen und dabei den Kompaß genau im Auge behalten.

Nehmen wir an, auf Steuerbordbug pendelt der Kurs am Kompaß zwischen 100° und 120°, auf Backbordbug zwischen 10° und 30°. Wenn man das weiß und obendrein noch auf der Notizplatte festhält, weiß man während der Regatta jederzeit, ob der Wind geraumt oder geschralt hat und ob man auf dem richtigen oder auf dem falschen Schlag liegt. Allerdings dreht der Wind nicht nur auf diese Weise. Die Zeichnung auf dieser Seite zeigt drei Boote auf Steuerbordbug. Nehmen wir einmal an, wir säßen in dem mittleren Boot, hoch am Wind, und peilen genau auf den festen Punkt an Land. Wir kommen der Küste immer näher, und die Peilung bleibt unverändert stehen. Der Steuermann muß also annehmen, er hat einen schnurgeraden Kurs gesegelt und der Wind hat dabei nicht gedreht. Aber das ist ein Trugschluß, denn jedes Boot hat eine Abdrift (Winkel a). Die Peilung hätte also nach Luv auswandern müssen, und ohne Winddrehung wäre unser wahrer Kurs der gestrichelte gewesen. Wenn wir davon ausgehen, daß kein Strom stand, dann muß der Wind also ganz langsam zurückgedreht haben (gegen die Uhr), und der tatsächliche Kurs der Boote über Grund entspricht den gekrümmten Linien.

Von einer solchen Winddrehung

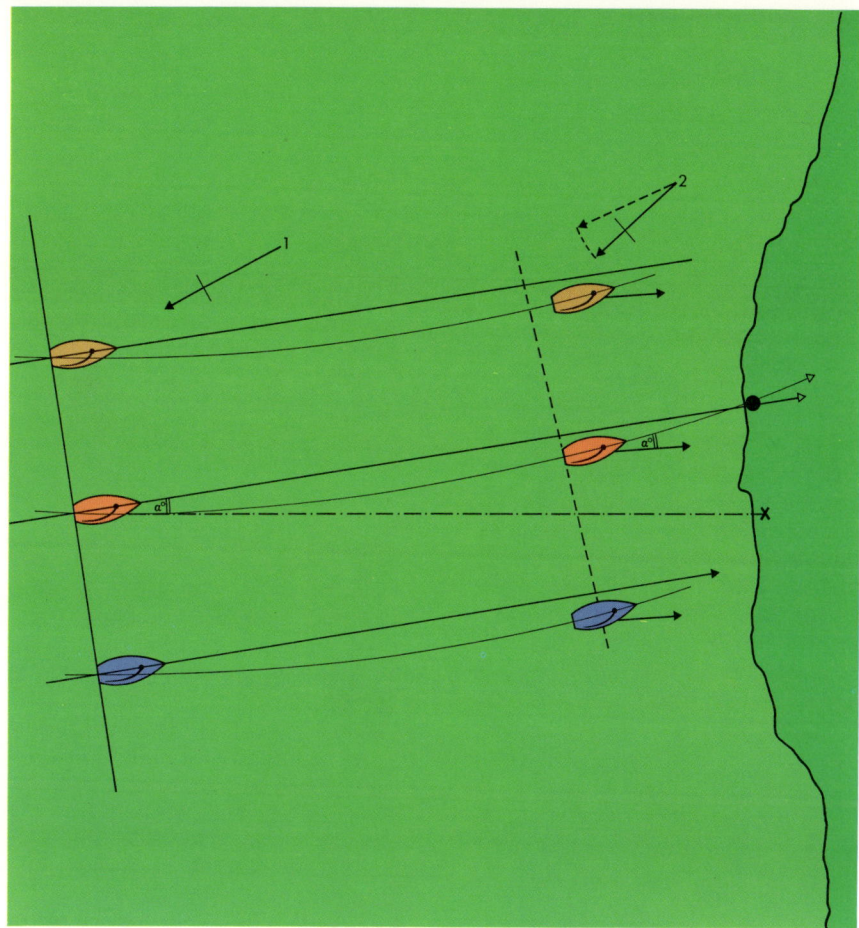

profitiert das Boot in Luv, während das Boot in Lee entsprechend verliert. Man möchte meinen, das Luvboot sei schneller als die anderen beiden, doch das täuscht.

Hätten wir auf den Kompaß geachtet, dann hätten wir diese ganz kleine Winddrehung rechtzeitig erkannt und richtig auf sie reagiert, nämlich mit einer Wende, um den Verlust wieder aufzuholen. Wenn man bei einer solchen Winddrehung durchhält, verliert man nur noch mehr an Boden.

Wer solche Winddrehungen nicht sofort durchschaut, ist womöglich sehr frustriert und glaubt, sein Boot läuft nicht mehr. Das kann soweit gehen, daß er alles wieder umtrimmt, bis das Boot tatsächlich nicht mehr läuft. Vorsicht also mit einer Landpeilung. Man vergißt dabei zu leicht die Abdrift.

Am Start

Wird gegen den Wind gestartet, kann man mit Hilfe des Kompasses sehr leicht herausfinden, welches

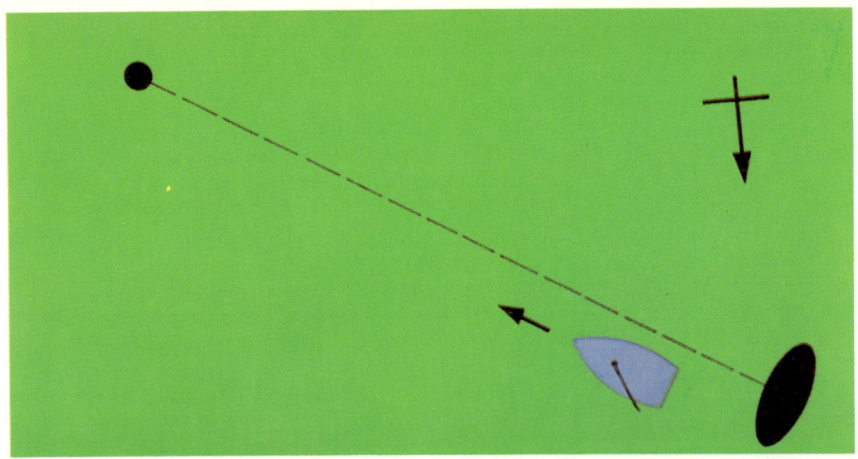

Ende der Startlinie begünstigt ist. Zunächst stellt man das Boot genau in den Wind und notiert dabei den Kompaßkurs auf der Notizplatte. Dann fällt man ab und segelt sofort, nämlich noch bevor die nächste Winddrehung kommen kann, die Startlinie ab. Auch der Kurs wird notiert.

Beträgt der Unterschied zwischen diesen beiden Kompaßkursen weniger als 90°, dann liegen Sie das begünstigte Ende der Startlinie an. Dort sollten Sie starten (auf der Zeichnung oben, also nicht am Startschiff, sondern an der äußeren Startlinien-Begrenzung).

Auf dem anderen Bug würde die Kursdifferenz entlang der Startlinie mehr als 90° betragen (untere Zeichnung), Sie würden sich vom begünstigten Ende der Startlinie entfernen.

Es ist ratsam, die ganze Prozedur einige Male zu wiederholen, um Fehlschlüsse aus vorübergehenden Winddrehungen zu vermeiden.

Ist die Lage der Bahnmarken zueinander bekannt, wie zum Beispiel auf einem olympischen Dreiecks-

kurs, dann kann man sich die Kompaßkurse von Boje zu Boje vorher aufschreiben.

Man legt das Boot so, daß die erste Bahnmarke genau vorausliegt, und notiert den Kurs. Sind alle Bahnmarken an Backbord zu lassen, zieht man davon 135° ab und erhält so den Kurs von der ersten zur zweiten Bahnmarke. Zieht man davon noch einmal 90° ab, hat man den Kurs zur dritten Marke. Der Vormwind-Kurs liegt dem Kurs zur ersten Bahnmarke auf der Kompaßrose genau gegenüber. Geht es rechts herum, werden die 135° beziehungsweise 90° zum Luvkurs hinzuaddiert.

Auch zum Trimmen kann man einen Kompaß gut gebrauchen, beispielsweise um die optimale Höhe unter verschiedenen Segeln und verschiedenen Einstellungen zu ermitteln. Für Kielboote gibt es sogar sogenannte Amwind-Lupen. Das sind Kompasse mit einer Spreiz-Skala für den Amwind-Bereich, die ein genaueres Ablesen ermöglicht.

An der Leetonne und an der Kreuz

Wenn das führende Boot nach dem Runden der Leetonne ohne Kompaß gleich auf den begünstigten Bug geht, so ist das reine Glückssache.

Das zweite Boot wird fast immer automatisch auf den anderen Bug gehen und mit Sicherheit aufholen, wenn das führende Boot Pech hatte und den falschen Bug wählte. Wer vorn liegt, muß also vorher wissen, ob er nach dem Runden der Leetonne nur die Schoten dichtnimmt und auf demselben Bug bleibt, oder ob er sofort wenden muß.

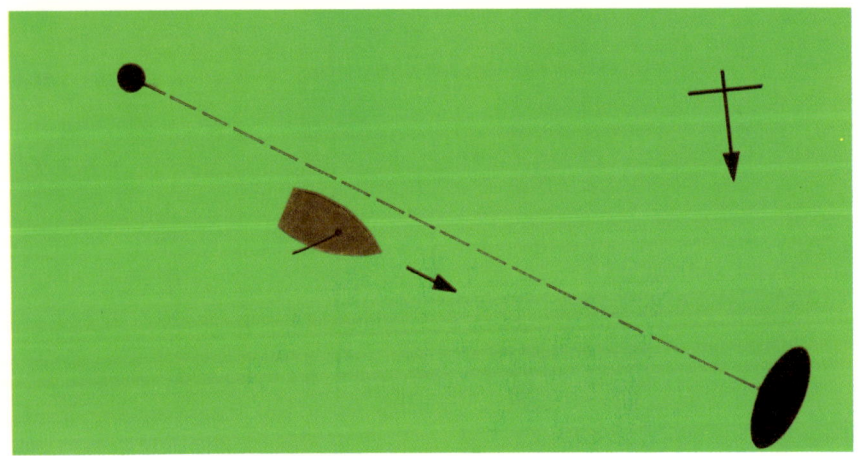

Dazu notiert man das Ausmaß der Windpendlungen schon vor dem Start und kontrolliert die Messungen auf der ersten Kreuz. Sobald man nach dem Runden der Leetonne hoch am Wind liegt, weiß man dann, ob man besser wenden sollte oder nicht.

Der Zweite muß dann entweder auf den ungünstigen Bug gehen, oder er muß im Abwind des führenden Bootes bleiben. Die Zeichnung rechts oben zeigt in drei Stufen, was dabei herauskommt.

Die Leetonne war an Steuerbord zu lassen, und Braun hat sofort nach dem Runden gewendet. Denn Blau, der knapp vorn lag, war auf dem alten Bug geblieben. Beide Boote wenden in eine Winddrehung nach rechts, die Blau begünstigt und Braun erneut benachteiligt. Nach der nächsten Wende hat Blau seinen Verfolger in Lee sicher unter Kontrolle.

Hätte Braun einen Kompaß gehabt, dann wäre er nach dem Runden genau wie Blau auf demselben Bug geblieben in der Gewißheit, damit das kleinere Übel zu wählen.

Auch seine zweite Wende hätte Braun dann nicht ausgerechnet in dem Moment gefahren, in dem es für ihn auf Steuerbordbug endlich günstiger wurde. Er hätte mit der Wende gewartet, bis er erneut hätte abfallen müssen.

Auf der Kreuz kann man am Kompaß auch ablesen, ob man vor oder hinter einem Boot in Lee vorausliegt. Peilt das Boot weniger als 45° voraus, dann liegt es vorn. Auch den Anliegekurs zur nächsten Bahnmarke kann man an der Kreuz vom Kompaß ablesen. Man muß wenden, wenn die Bahnmarke etwa querab liegt. Den genauen Winkel muß man nach und nach herausfinden.

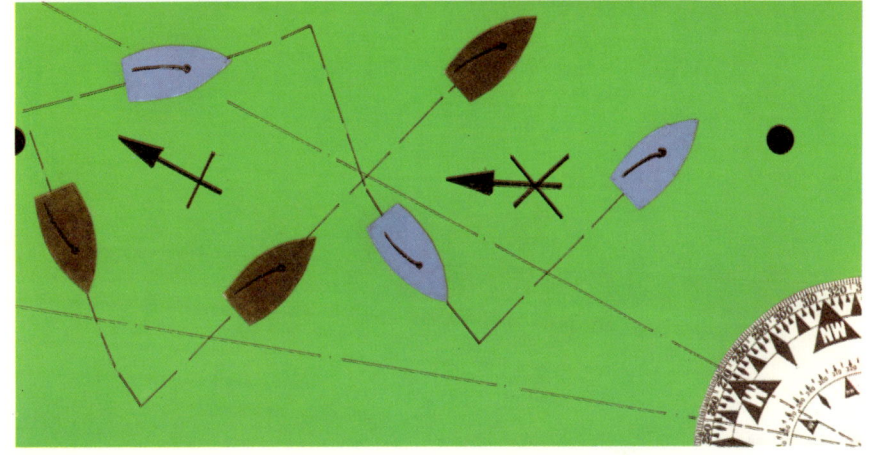

An der Luvtonne

Wenn man einen Kompaß hat, kann man sich auch schon vor Erreichen der Luvtonne überlegen, auf welchem Bug man auf den anschließenden Vormwind-Kurs geht.

Auf der Zeichnung rechts unten (Bahnmarken wieder an Steuerbord) blieb Blau nach Runden der Tonne auf Steuerbordbug, ohne zu halsen. Denn er hatte vorher auf den Kompaß gesehen, daß der Wind spitzer kam. Er halste erst, als der Wind erwartungsgemäß wieder zurückpendelte, und segelte auf diese Weise die ganze Zeit auf direktem Kurs zur nächsten Bahnmarke.

Braun dagegen, ohne Kompaß, hat gleich nach Runden der Luvtonne gehalst und mußte wesentlich höher segeln als den direkten Kurs zur Leetonne. Als er erneut halste, um die Leetonne zu erreichen, pendelte der Wind wieder zurück, so daß er nicht nur einen Umweg fuhr, sondern jetzt auch noch platt vorm Wind auf die Leetonne zuhalten muß, wenn er nicht nochmals einen Umweg fahren will.

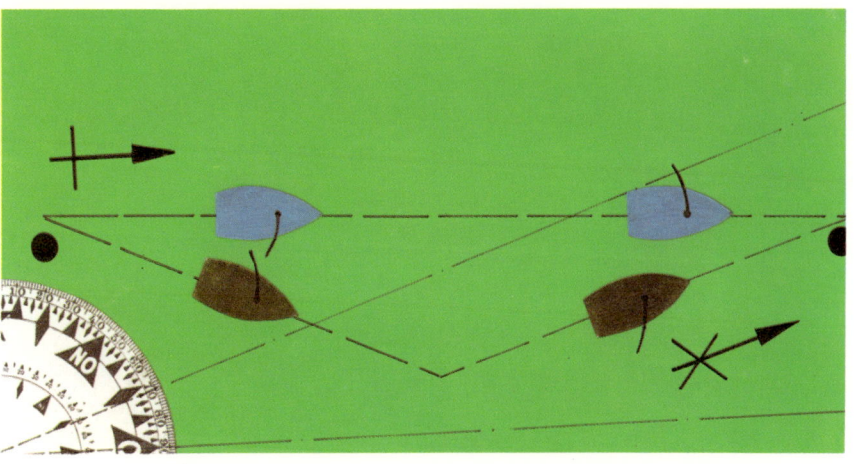

Trimmen unter Segeln

Position der Vorsegel-Holepunkte

An Land kann man den genauen Trimm nicht einstellen. Die Feineinstellungen sind nur auf dem Wasser möglich, wo die Bewegungen des Bootes im Seegang, die Krängung und Windschwankungen Mastkurve und Segelführung beeinflussen.

Hoch am Wind kommt es sehr auf die Stellung der Vorschot-Holepunkte an. Liegen die Holepunkte zu weit hinten (siehe die oberen beiden Fotos rechts), dann ist das Achterliek zu offen und die Düse unnötig groß. Das Vorsegel entwickelt unter diesen Leichtwetter-Bedingungen nicht genug Schub, und das Boot wird auch keine Höhe laufen.

Läuft das Boot dagegen gute Höhe, doch keine Geschwindigkeit, dann ist das Vorsegel-Achterliek zu geschlossen. Vor allem, wenn das Großsegel zuviel Abwind bekommt. Hat das Vorsegel an sich ein gutes Profil, dann sitzt der Holepunkt lediglich zu weit vorn. Auf den beiden Fotos rechts in der Mitte sieht man, wie aus dem geschwungenen Vorsegel-Achterliek unter dem nahezu senkrechten Schotzug fast schon eine gerade Linie geworden ist.

Einen brauchbaren Anhaltspunkt für die richtige Position der Vorschot-Holepunkte findet man, wenn man in Lee von hinten in die Segel blickt und die Kurve des Vorsegel-Achterlieks etwa der Kurve des Großsegel-Bauchs auf dieser Höhe entspricht (siehe die beiden Fotos rechts unten).

Dabei kommt es darauf an, daß die Düse so eng wie möglich ist, ohne das Vorsegel-Achterliek abzuklemmen und zuviel Abwinde ins Großsegel zu werfen. Die Vorschot-Holepunkte sollten so montiert sein, daß die gebräuchlichsten Holepunkt-Stellungen etwa in der Mitte der Verstellmöglichkeiten liegen.

Vorsegel-Anstellwinkel

Der Anstellwinkel der Fock muß veränderlich sein, um ihn bei hartem Wetter vergrößern zu können. Dann öffnet sich die Düse, das Vorsegel liefert mehr Vorschub, und seine krängende Wirkung wird verringert. Versetzt man bei leichtem Wetter die Holepunkte weiter nach innen, dann läuft das Boot mehr Höhe. Damit die Achterliek-Kurve noch zum Großsegel paßt, muß man die Holepunkte dann meistens auch etwas nach vorn versetzen und gleichzeitig die Vorschot fieren (siehe die Fotos oben).

Vorsegel-Achterliek

Am Wind ist die Harmonie zwischen dem Vorsegel-Achterliek und dem Großsegel fast wichtiger für die Düse als alles andere. Denn die Düse hängt nicht nur vom Schnitt des Vorsegels ab. Es kommt auch auf den Anteil des Vorsegel-Schotzugs an, der auf das Vorsegel-Achterliek wirkt.

Beim Trimmen draußen auf dem Wasser ist der Schnitt des Segels eine unbeeinflußbare Konstante. Das Spiel mit den Holepunkten und ihrem Einfluß auf das Vorsegel-Achterliek kann dann entscheidend sein. In einer Bö versetzt man den Holepunkt nach achtern, öffnet damit das Achterliek und die Düse und segelt aufrechter. An Höhe geht zwar etwas verloren, aber dafür läuft das Boot jetzt schneller.

In einem Flautenloch dagegen muß der Holepunkt nach vorn wandern, damit der Schotzug mehr auf das Achterliek des Vorsegels wirkt. Dann entwickelt das Segel mehr Schub, und das Boot läuft auch mehr Höhe. Zwar wächst mit dem Schub auch die krängende Kraft, doch das dürfte bei leichtem Wetter kein Problem sein. Das Boot segelt schneller. Hartwetter-Focks sollten ein etwas hohles Achterliek haben, damit es sich nicht einrollt.

Genua-Achterliek

Eine Genua überlappt das Großsegel beträchtlich, so daß sich alle eben diskutierten Faktoren erheblich vergrößern.

Die Achterliek-Spannung einer Genua kann man ganz gut verändern, indem man das Genuafall über einen Taljen-Kasten am Mast verstellt (siehe Seite 22 und Seite 57). Das wirkt auf den Mastfall, wobei das Vorstag natürlich entsprechend lose gefahren werden muß, wenn

das Ganze einen Sinn haben soll. Vor allem bei hartem Wetter ist es vorteilhafter, das Genuafall zu fieren statt den Draht im Vorschiff, in den die Genua unten eingeschäkelt ist. Sonst öffnet sich zwischen dem Deck und dem Unterliek der Genua ein Spalt, durch den der Wind von Luv nach Lee entweichen kann.

Auch bei einer Genua bringt es etwas, wenn der Holepunkt seitlich verstellbar ist. Doch das ist meist nicht so leicht darzustellen wie auf Booten mit kleineren Vorsegeln.

Ein FD in hartem Wetter hoch am Wind. Das offene Genua-Achterliek und die offene Düse sind bei diesem Wetter ideal.

Großschot-Traveller

Der Großschot-Traveller gehört heute auf jedes Regattaboot. Seine Vorteile kommen aber nur dann voll zur Geltung, wenn er unter allen Bedingungen reibungslos funktioniert — reibungslos im wahrsten Sinne des Wortes: Er muß auch unter hohem Schotzug bei hartem Wetter ohne Schwierigkeiten zu verstellen sein. Die besten Ausführungen haben kugel-, beziehungsweise rollengelagerte Schlitten.

Der Travellerschlitten sollte von Leinen kontrolliert werden, die leichtgängig sind, aber nicht zu dünn, so daß die Position des Schlittens jederzeit auf Anhieb verändert werden kann. Stopper-, Bolzen- oder Federknopf-Arretierungen sind für einen Traveller unpraktisch.

Bei leichtem Wetter wird der Traveller ziemlich mittschiffs oder sogar etwas in Luv gefahren, damit das Großsegel dicht genug geschotet werden kann, ohne sein Achterliek zu sehr zu belasten. Dann läuft das Boot eine gute Höhe, und trotz des ebenfalls weit innen gefahrenen Vorsegels hält sich der Abwind in Grenzen. Man kann es aber auch übertreiben. Das ist dann der

Fall, wenn die Windströmung in den Segeln schließlich abreißt (siehe Foto links sowie Seite 49).

Bei mittlerem und hartem Wetter bringt es oft viel mehr, die Böen mit dem Traveller statt mit der Schot abzufangen. Man fährt dann den Traveller aus der Hand und nicht die Schot.

Läßt man den Traveller ganz nach außen rutschen, wird das Großsegel-Achterliek entlastet, ohne daß das Segel sich verwindet. Der Mast biegt sich stärker, und genau das braucht man, um eine Bö abzuwettern (siehe Foto rechts).

Ist die Bö vorüber, nimmt man den Traveller wieder dichter. Der Mast wird wieder gerader, und das Segel hat wieder seine alte Schubkraft.

Fiert man dagegen in der Bö die Großschot, dann wird der Mast noch gerader, das Segel noch voller, und man hat genau das Gegenteil von dem erreicht, was man wollte. Auf einem spitzen Raumschots-Kurs ist dieser Unterschied noch größer, und dann ist es auf alle Fälle besser, nur mit dem Traveller zu arbeiten.

Der Traveller hilft auch Zeit sparen. Kommt man zum Beispiel an die Leetonne, nimmt man die Schot vorher schon recht dicht, läßt den Traveller aber noch ganz draußen. Beim Runden selbst braucht man jetzt nur noch mit einer einzigen Handbewegung den Traveller mittschiffs zu holen und kann dann in aller Ruhe den letzten Rest der Schot durchsetzen.

So ähnlich bereitet man auch eine Halse von einem Vormwind- auf einen Raumschots-Kurs vor. Der Traveller ist ganz draußen, und die Großschot wird etwas dichtgenommen. Dann wird die Traveller-Kontrolleine in Lee so festgesetzt, daß sie den Schlitten auf dem anderen

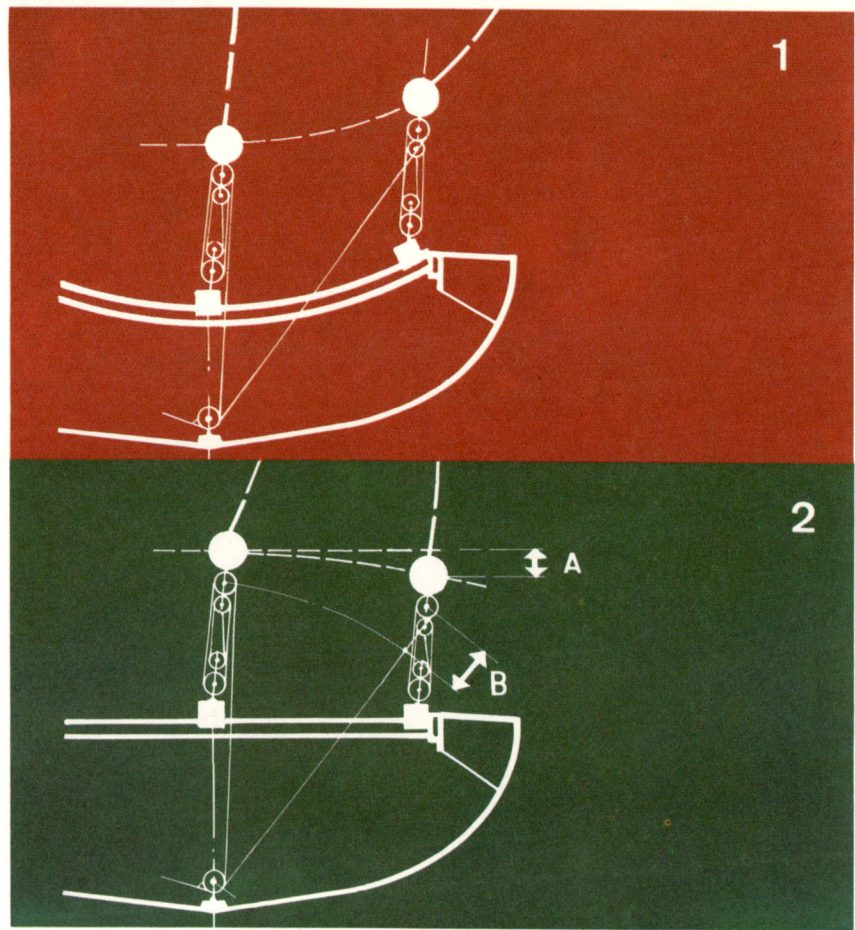

automatisch flachergezogen, wenn man diesen Traveller in einem Flautenloch weiter mittschiffs holt. Man hat also einen Traveller, der in jede Richtung das Gegenteil von dem bewirkt, was man braucht. Es sei denn, man bedient jedesmal anschließend die Großschot, was nicht nur weniger bringt, sondern auch Zeit kostet.

Zeichnung 2 zeigt eine gerade Traveller-Schiene, die sich in der Praxis meistens besser bewährt. Rutscht der Traveller nach Lee, kommt die Schot automatisch um die Entfernung B dichter. Der Großbaum wird dadurch um die Strecke A weiter nach unten getrimmt, was bei der vierfach geschorenen Großschot und der holenden Part durch den Fußblock ein Fünftel der Strecke B ausmacht. Das Ergebnis: Das Großsegel wird noch flacher getrimmt, der Mast biegt sich noch mehr, und beides ist genau das, was wir in einer Bö brauchen.

Umgekehrt wird das Segel automatisch voller, wenn der Traveller mittschiffs geholt wird, ohne daß man sich dabei um die Schot kümmern muß.

Diesen Effekt kann man noch vergrößern, wenn man eine konvexe Travellerschiene fährt. Mit anderen Großschot-Untersetzungen oder Fußblock-Arrangements kann man das System noch weiter variieren.

Für die gleiche Wirkung im Segel muß ein Traveller auf dem Achterschiff stärker verstellt werden als einer, der nicht allzu weit vom Mast entfernt montiert ist.

Bug etwa mittschiffs hält. Auf diese Weise braucht man sich während der Halse überhaupt nicht um die Großschot zu kümmern. Nach dem Manöver steht das Segel in etwa automatisch richtig für den neuen Raumschots-Kurs. Das bringt sehr viel, weil alle Hände während der Halse für den Spinnaker frei bleiben.

Wer seinen Traveller jedoch so vielseitig einsetzen will, muß sich vorher überlegen, wie seine Travellerschiene aussehen soll. Sie muß nicht unbedingt gerade sein.

Sie kann eine konkave oder sogar eine konvexe Kurve haben.

Auf einem Boot mit einer konkaven Travellerschiene und Großschot-Fußblock (Zeichnung 1) kommt die belegte Schot automatisch dichter, wenn der Traveller nach Lee wandert. Aber weil der ansteigende Schlitten diesen Effekt mehr als ausgleicht, wird der Großbaum beim Auffieren eines solchen Travellers steigen. Das Großsegel-Achterliek wird also entlastet, und der Mast wird etwas gerader.

Entsprechend wird das Großsegel

Großsegel-Vorsegelstrecker dichtgenommen, das Achterliek öffnet sich.

Großsegel-Vorliekstrecker dichtgenommen, das Achterliek öffnet sich.

Cunningham Hole

Zieht man an zwei einander gegenüberliegenden Zipfeln eines Taschentuches, dann wird es in Zugrichtung länger und zwischen den beiden anderen Zipfeln kürzer: Es orientiert sich zur Spannung hin.

Nach dem gleichen Prinzip wird durch Zug auf das Cunningham Hole im Vorliek eines Groß- oder Vorsegels Tuch aus der Mitte nach vorn gezogen.

Dadurch wandert der Profilschwerpunkt nach vorn, und hinten wird das Segel etwas flacher. Nimmt der

Wind zu, dann hindert man den Bauch des Segels durch Zug auf das Vorliek daran, von dem größeren Winddruck nach hinten vor das Achterliek gedrückt zu werden.

Nun ist es nicht einfach damit getan, den Vorliek-Strecker im Cunningham Hole entweder loszuwer-

*Vorliek-Strecker zu lose — waage-
rechte Falten.*

*Vorliek-Strecker zu dicht — senk-
rechte Falten.*

fen oder anzuknallen. Der Strecker muß so ausgelegt sein, daß man ihn in jeder beliebigen Stellung zwischen diesen beiden Extremen fahren kann. Wie dicht der Vorliek-Strecker gefahren wird, ist Gefühls- und Erfahrungssache. Am Tuch im Vorliek-Bereich kann man sich je-

doch ganz gut orientieren. Steht das Segel voll und zeigt vorn horizontale Falten, dann kann der Vorliek-Strecker dichtergenommen werden (Foto links). Senkrechte Falten im Vorliek-Bereich zeigen dagegen an, daß der Vorliek-Strecker zu hart durchgesetzt ist (Foto rechts).

Vorm Wind gilt die Faustregel, weniger Vorliek-Spannung als am Wind, solange man das Boot dabei unter Kontrolle halten kann. Nur bei ganz hartem Wind läßt man die Vorliek-Strecker auch vor dem Wind durchgesetzt.

Unterliek-Strecker zu lose.

Unterliek-Strecker zu dicht.

Großsegel-Unterliekspannung

Vernachlässigen Sie nicht den Ausholer des Großsegel-Unterlieks an der Baumnock. Obwohl dieser Unterliek-Strecker nicht ganz so wichtig wie der Vorliek-Strecker ist, sollte er dennoch auf einem Regattaboot jederzeit verstellbar sein. Machen Sie nicht den so häufigen Fehler, das Segel grundsätzlich bis zur Meßmarke an der Baumnock auszuholen. Zwar soll das Segel bei hartem Wetter flach sein, doch bei leichtem Wetter wird es unten zu flach, wenn man es bis zur Meßmarke streckt.

Auch hier kann man sich, wie beim Vorliek, an den Falten im Liekbereich orientieren. Laufen die Falten vom Liek weg, ist es zu lose (Bild oben links). Verlaufen sie parallel zum Liek, ist es zu stark durchgesetzt (Bild oben rechts).

Auf keinen Fall sollte das Unterliek über die Meßmarke hinausgezogen werden (Bild oben rechts). Das entspricht nicht den Klassenregeln.

FD bei leichtem Wetter mit zu dichten Schoten.

Noch besser sind verjüngte Schoten, die – dichtgeholt – im Bereich der Blöcke aus einer dünnen Leine bestehen, aber den Händen ein dickes Ende bieten. Die unterschiedlichen Taustärken werden zusammengenäht und mit Segelgarn bekleidet, und zwar so, daß das dicke Ende sich allmählich auf den dünnen Querschnitt verjüngt. Eine solche Schot hat auch einen etwas geringeren Windwiderstand (siehe Seite 14).

Für Spinnakerschoten sollte man das dünnste Tauwerk nehmen, das es gibt. Denn vor allem bei leichtem Wetter steht ein Spinnaker schlecht, wenn die Schoten zu schwer sind.

Bei der Auswahl des Tauwerks für Ihre Schoten sollten Sie auf die folgenden Punkte achten:

Ist es flexibel genug?

Ist es so leicht wie möglich?

Kinkt es nicht so leicht?

Eine harte, glatte Oberfläche rutscht leicht durch die Schotklemmen.

Ist schwimmendes Tauwerk vielleicht vorteilhafter?

Überlegen Sie noch einmal, ob es nicht doch noch dünner geht.

Wenn Sie eine wirklich weichlaufende Großschot-Untersetzung haben wollen, sollten Sie großscheibige, reibungsarme Blöcke fahren, am besten solche mit Kugellagern.

Der schlimmste und häufigste Schotbedienungs-Fehler ist der, daß die Leute ihre Segel zu dicht nehmen (siehe Bild links oben). Vor allem das Großsegel. Der Steuermann hat dann das Gefühl, er läuft eine große Höhe, und er wird darin von der Luvgierigkeit bestärkt, die das angeknallte Großsegel hervorruft. Das Segel sieht auch perfekt aus – nur das Boot läuft nicht, aus unerfindlichen Gründen.

Material und Bedienung der Schoten

Bevor wir auf die Schotführung selbst eingehen, ein paar Worte zum richtigen Tauwerk für Schoten. Dicke Schoten sind grundsätzlich schlecht. Sie saugen sich voll Wasser und machen das Boot sehr viel schwerer. Sie laufen nur schwer durch die üblichen Blöcke und haben einen Reibungswiderstand, der besonders bei leichtem Wetter stört.

Dünne Schoten haben nur den einen Nachteil, daß sie bei hartem Wetter sehr ins Fleisch schneiden. Doch dem kann man mit den heute üblichen Segelhandschuhen beikommen.

90

Die Großschot sollte gefiert werden, bis der erste Abwind ins Großsegel fällt. Das ist der Punkt, an dem das Segel gerade eben anfängt, einen leicht killenden Gegenbauch zu zeigen.

Ein anderer und ebenfalls häufig gemachter Fehler besteht darin, die Vorschot nach einer Wende zu schnell und zu steif dichtzunehmen, bevor das Boot wieder Fahrt aufgenommen hat. Denn bis dahin fällt der scheinbare Wind voller ein, so daß die Schot langsam und mit Gefühl dichtgenommen werden muß, nämlich so, wie das Boot Fahrt aufnimmt.

Geht man zu gefühllos mit der Schot um, reißt die Strömung im Segel ab. Dann muß man die Schot fieren, bis die Anströmung im Segel wiederhergestellt ist und man von neuem beginnen kann, Fahrt aufzunehmen.

Auch um die Großschot muß man sich in der Wende kümmern. Sie sollte vorher etwas gefiert und nach der Wende in Einklang mit der Vorschot langsam wieder dichtgenommen werden.

Das gilt auch für den Start. Beim Schuß reißen die meisten Steuerleute ihre Schoten dicht, statt mit Gefühl Fahrt aufzunehmen. Noch schlimmer ist die üble Angewohnheit, vor dem Start raumschots mit angeknallten Schoten die Linie entlangzusegeln in dem irrtümlichen Glauben, beim Startschuß schneller hochdrehen zu können. Es dauert nämlich eine ganze Weile, bis sich die Anströmung, die in dem raumschots viel zu dicht stehenden Segel abgerissen war, wieder richtig aufgebaut hat.

Es bringt viel mehr, mit killenden Segeln langsame Fahrt voraus zu machen und beim Schuß die Schoten langsam dichterzunehmen.

Hier wird die Genuaschot zu lose, die Großschot zu dicht gefahren.

Dann baut sich sofort die richtige Anströmung im Segel auf, und sie kann auch nicht abreißen.

Auf Booten mit großer Genua wie dem FD zum Beispiel macht man ebenso oft wie unfreiwillig den Fehler, die Großschot zu dicht und die Genuaschot zu lose zu fahren. Die Ursache liegt ganz einfach in der mechanischen Schwierigkeit, das große Vorsegel mit der nur einfach geschorenen Schot dichtzubekommen, während die Großschot mehrfach untersetzt ist. Das führt zu einer verstärkten Luvgierigkeit, die mit dem Ruder ausgeglichen werden muß. Dabei wird das Boot gebremst und läuft auch keine Höhe mehr (siehe Foto oben).

Schwerttrimm

Auf der Zeichnung links oben ist der Mittel- beziehungsweise Schwerpunkt der Segelfläche mit einem grünweißen Kreis markiert. Seine Lage ist in bezug gebracht zur Lage des Lateralschwerpunktes von Rumpf, Schwert und Ruder, und zwar einmal bei ganz abgefiertem Schwert (rot), und im Vergleich dazu mit leicht angeholtem Schwert

(schwarz). Damit das Boot hoch am Wind ausgeglichen segelt, muß der Segelschwerpunkt etwas weiter vorn liegen als der Lateralschwerpunkt. Je härter es wird, desto größer muß diese Vorgabe sein.

In vielen Booten kann man das Schwert in der Längsschiffsrichtung verstellen. Ist das Boot zu luvgierig, kann man das Schwert nach hinten versetzen und umgekehrt.

Doch auch wenn man das Schwert

nur ein wenig nach hinten anstellt, kann man eine gewisse Luvgierigkeit ausgleichen. Diese Methode bietet sich vor allem in einer Bö an, wenn die Luvgierigkeit nur vorübergehend zunimmt. Wo das Schwert nicht in Längsschiffsrichtung verstellt werden kann oder darf, ist dies ohnehin die einzige Möglichkeit, die Luvgierigkeit mit dem Schwert zu beeinflussen.

Die Zeichnung rechts zeigt das genau. Der Flächenmittelpunkt des herausragenden Schwertteils ist markiert. Deutlich ist zu sehen, wie er nach achtern wandert, wenn man das Schwert nur ein ganz klein wenig aufholt. Dabei verkleinert sich die wirksame Fläche des Schwertes kaum, die Abdrift wird also nicht größer.

In vielen Klassen wird das Schwert nur noch bei leichtem Wetter ganz abgefiert. Bei härterem Wind wird die Luvgierigkeit mit dem Schwert ausgeglichen.

Luvgierigkeit

Die Luv- oder Leegierigkeit eines Bootes wird von verschiedenen Faktoren beeinflußt, oft von mehreren gleichzeitig. Eine übertriebene Luvgierigkeit kann viele Ursachen haben, und die lassen sich nicht immer leicht beheben. Man kann aber eine Aufstellung der möglichen Ursachen machen und dann eine nach der anderen durchgehen.

(1) Mast steht zu weit achtern (aber auch die Seiten 68 und 69 beachten).

(2) Großschot zu dicht.

(3) Mast zu hart.

(4) Die Düse zwischen Vor- und Großsegel ist abgeklemmt.

(5) Das Großsegel-Achterliek macht zu.

(6) Das Genua-Achterliek macht zu oder rollt sich ein.

(7) Der Traveller steht zu weit mittschiffs oder zu weit in Luv.

(8) Das Achterstag ist zu lose.

(9) Der Mast-Kontroller drückt den Mast im Deck zu weit nach hinten. Zu wenig Mastkurve.

(10) Das Schwert sitzt zu weit vorn.

(11) Das Schwert ist zu steil abgesenkt.

(12) Das Ruderblatt ist zu weit aufgeholt.

(13) Das Boot krängt zu stark.

(14) Das Boot ist zu stark auf die Nase getrimmt.

(15) Der Großsegel-Vorliekstrecker ist nicht dicht genug.

Bei so viel Fehlerquellen können natürlich auch mehrere zusammenwirken. Oft läßt sich die Luvgierkeit aber auch auf einen einzigen Fehler zurückführen.

Wird der Mast zum Beispiel mit dem Mast-Kontroller im Deck zu steif gehalten, dann reicht seine Biegung nicht aus, das Großsegel flach genug zu ziehen. Die Düse ist zu eng, das Großsegel bekommt Abwind. Da auch der Topp nicht nach hinten auswandert, ist außerdem das Achterliek zu geschlossen. Hinten hat das Segel also zuviel Druck, vorn sogar Gegendruck. Da haben wir also eine Reihe von Gründen für die Luvgierigkeit, die alle auf einen Grundfehler zurückzuführen sind: Der Mast-Kontroller im Deck ist falsch eingestellt. Läßt man den Mast im Deck etwas mehr kommen, werden alle Ursachen der Luvgierigkeit auf einen Schlag beseitigt. Oder jedenfalls mehrere

gleichzeitig — das Großsegel kann trotz allem natürlich auch in sich noch zu voll sein, so daß man sich mit dem Großsegel noch gesondert beschäftigen muß (siehe Seite 32 und Seite 88).

Man sieht, man kann sich viel Ärger ersparen, wenn man das Übel gleich an der Wurzel packt.

Leegierigkeit

Die Leegierigkeit tritt nicht so oft wie die Luvgierigkeit auf, doch wenn, kann sie weitaus schädlicher sein.

Wenn man mit dem Ruder ständig eine zu starke Luvgierigkeit ausgleichen muß, dann bremst das zwar, doch man hat immer noch Gefühl im Schiff und kann verhältnismäßig einfach die optimale Höhe steuern. Und die Wenden gehen fast automatisch. Ein leegieriges Schiff hoch am Wind zu halten, ist dagegen nicht einfach. Und mit so einem Boot zu wenden, das ist vor allem bei hartem Wetter schwierig, wenn nicht gar unmöglich.

Hier gilt die gleiche Ursachenliste wie bei der Luvgierigkeit. Nur müssen die einzelnen Punkte sinngemäß ins Gegenteil verkehrt werden.

Aufrechtsegeln in hartem Wetter

Wenn ein Boot zu stark krängt, wird nicht nur die Abdrift größer, sondern auch der Formwiderstand des Rumpfes. Deshalb kommt es vor allem bei hartem Wetter darauf an, das Boot aufrecht zu segeln. Aber dann ist es auch am schwierigsten. Das Gewicht des Trapez- und des ausreitenden Steuermannes sind praktisch die einzigen Kräfte, die den Winddruck auf das Rigg ausgleichen. Und dieser

Schlechter Trimm, zuviel Krängung.

Dieser FD ist gut getrimmt.

Winddruck ist dann am stärksten, wenn das Boot genau aufrecht gesegelt wird. Je mehr das Boot krängt, desto kürzer wird der Hebel, an dem die Windkräfte angreifen.

Man kann die Sache aber auch andersherum sehen: Je eher die Besatzung sich voll raushängen muß, desto eher wird das volle Geschwindigkeits-Potential der Einheit Boot/Mannschaft ausgenutzt. Eine Mannschaft, die bei anständigem

Wind noch nicht voll hängen muß, hat nicht genug Dampf im Rigg.

Die einzelnen Bootsklassen sind unterschiedlich, und man kann unmöglich in allgemeingültiger Form sagen, was in einem solchen Fall zu tun ist. In einer Klasse verfügt man über Korrekturmöglichkeiten, die man in einer anderen Klasse nicht hat, und deshalb halten wir es auch hier für sinnvoller, eine Reihe von Möglichkeiten tabellarisch zusammenzustellen. Vielleicht treffen

in einzelnen Fällen auch mehrere der nachstehend aufgeführten Punkte zu. Es gilt also, das Ergebnis der Untersuchung sorgfältig zu analysieren.

(1) Steuer- und Vorschotmann können in vielen Klassen Ballastkleidung tragen (bis maximal 20 kg Gewicht der gesamten Kleidung, pro Person, naß gewogen).

(2) Versuchen Sie es mit flacheren Segeln.

(3) Geben Sie dem Mast mehr Bie-

gung nach hinten (siehe auch Seite 25).

(4) Geben Sie dem Mast mehr seitliche Biegung (siehe auch Seiten 23 und 24).

(5) Entlasten Sie das Achterliek der Genua, indem Sie das Genuafall fieren und dem Mast mehr Fall nach achtern geben, oder indem Sie den Holepunkt nach vorn versetzen.

(6) Öffnen Sie die Düse zwischen Vor- und Großsegel, indem Sie den Vorschot-Holepunkt weiter nach außen versetzen.

(7) Nehmen Sie den Vorliek-Strekker des Großsegels und/oder des Vorsegels dichter.

(8) Lassen Sie den Großschot-Traveller mehr nach Lee rutschen.

(9) Fahren Sie das Schwert etwas höher.

Schließlich muß der Steuermann sehr sorgfältig steuern. Wenn er gut Ausschau hält nach Luv, sollte er in der Lage sein, schon vor Einfallen der nächsten Bö leicht anzuluven. Wer das beherrscht, hat schon viel gewonnen in dem Bemühen, das Boot unter allen Umständen aufrecht zu segeln.

Großbaum-Niederholer

In erster Linie soll der Großbaum-Niederholer raumschots und vor dem Wind, Sie erraten es, den Großbaum niederholen. Denn wenn er steigt, verwindet das Segel zu sehr. Wird diese Verwindung des Profils jedoch unterbunden, dann behält das Segel raumschots seine volle Kraft und vor dem Wind seine volle Fläche. Außerdem rollt oder besser gesagt geigt das Boot vor dem Wind nicht mehr so stark. Eine weitere wichtige Aufgabe des Großbaum-Niederholers besteht

darin, zusammen mit anderen Elementen des Riggs die Mastkurve nach hinten vorzugeben und damit Einfluß zu nehmen auf die Kraft, die das Segel entwickelt.

Auf einem Spitzenboot ist es einfach selbstverständlich, daß der Großbaum-Niederholer auch dann bedient werden kann, wenn die Mannschaft außenbords trimmt. Daran muß man denken, wenn man sich überlegt, wie der eigene Niederholer funktionieren soll. Zu beachten ist auch, wie sich der untere Befestigungspunkt zum Drehbe-

schlag des Baumes am Mast verhält. Ist der Niederholer achterlicher angeschlagen als der Drehpunkt des Baumes, dann wird er automatisch stärker auf Zug beansprucht, sobald der Baum aufgefiert wird. Das unerwünschte Ergebnis: Es verändert sich nicht nur der Trimm, sondern bei leichtem Wetter kommt der Baum auch von allein wieder mittschiffs. Der untere Niederholbeschlag sollte also so tief wie möglich direkt am Mast (und nicht etwa auf dem Kielschwein) sitzen.

Wenn man über die Höhe eines Bootes am Wind spricht, muß man unterscheiden zwischen dem Winkel des Windeinfalls zur Mittschiffslinie des Bootes (Windeinfallswinkel) und dem Winkel des Windeinfalls zum Kurs, einschließlich Abdrift also (Kurs über Grund). Hoch am Wind segelt ein Boot ein klein wenig quer durch das Wasser. Die Abdrift ist der Winkel zwischen Mittschiffslinie und Kielwasser.

In der Bildserie links ist die Abdrift des Bootes deutlich zu erkennen. Man sieht, daß der Steven des Bootes zur linken Seite der Kamera zeigt. Dennoch wird es das Boot des Fotografen rechts passieren, was man auch an der Boje erkennen kann, die natürlich fest verankert ist.

Ohne Abdrift geht es nicht. Man muß sie also in alle Überlegungen mit einbeziehen, die sich mit der möglichen Höhe eines Bootes am Wind befassen. Wie so oft beim Segeln hängt die richtige Antwort auch hier von den jeweils herrschenden Bedingungen ab. Das führt uns wieder zu einer ganzen Reihe von Möglichkeiten, die beim Trimmen zu berücksichtigen sind.

In den folgenden Absätzen wollen

wir uns etwas genauer mit einigen der Faktoren auseinandersetzen, die entscheidend dafür sind, wie schnell ein Boot Luv gutmachen kann.

(1) Festigkeit des Schwertes

Ein Boot mit einem Schwert, das sich verbiegt und verwindet, hat mehr Abdrift, vor allem in böigem Wind. Deshalb ist ein möglichst steifes Schwert Voraussetzung für gute Amwind-Eigenschaften.

(2) Achterliek-Bereich des Vorsegels

Wie bereits erörtert, kann man mehr Höhe laufen, wenn das Vorsegel-Profil bis zum Achterliek durchgezogen ist. Ein flaches und offenes Vorsegel-Achterliek macht das Boot zwar schneller, geht jedoch zu Lasten der Höhe. Läßt man den Vorsegel-Vorliekstrecker etwas kommen, dann wandert der Bauch des Segels weiter nach hinten.

(3) Querschiffsposition der Vorschot-Holepunkte

Nimmt man die Vorschot-Holepunkte weiter nach innen, läuft das Boot mehr Höhe. Doch das Vorsegel muß dabei sehr sorgfältig geschotet werden, um die Düse nicht abzuklemmen. Am besten ist eine Fock, die unten sehr voll und oben verhältnismäßig flach ist, so daß sie sich dort oben, wo der Abstand zum Großsegel nicht mehr so groß ist, weiter öffnet.

(4) Vorsegel-Achterliekspannung

Versetzt man die Vorschot-Holepunkte weiter nach vorn, so daß

mehr Schotzug auf die Achterliek-Partie entfällt, läuft das Boot ebenfalls mehr Höhe. Man muß aber darauf achten, die Schot nicht zu dicht zu fahren, sonst wird die Düse abgeklemmt.

(5) Großsegel-Achterliek

Ein Großsegel mit geschlossenem Achterliek (oder gleichmäßig bis hinten durchgezogenem Profil, was auf das gleiche hinauskommt) gibt dem Boot ebenfalls mehr Höhe. Das Profil wird voller und hinten geschlossener, wenn man den Vorliek-Strecker loser und den Mast gerader fährt, und zwar sowohl in Längs- wie in Querrichtung.

(6) Der Traveller

Auch wenn man den Traveller mehr mittschiffs fährt, segelt das Schiff mehr Höhe. In extremen Fällen kann der Traveller sogar über die Mittschiffslinie hinaus in Luv gefahren werden.

(7) Segellatten

Weichere Latten, vor allem in der oberen Lattentasche, die oft ganz durchgeht, geben dem Segel mehr Bauch und dem Schiff damit mehr Höhe.

(8) Mastbiegung

Wenn der Mast sich seitlich nicht wegbiegt, schließt sich das Achterliek des Großsegels mehr, und das Segel gewinnt an Kraft. Gleichzeitig wird die Düse enger (siehe Seiten 23 und 24), und beides kommt der Höhe am Wind zugute. Man kann das Großsegel-Achterliek noch

weiter schließen, wenn man den Mast auch in Längsschiffsrichtung gerader fährt. Das verengt die Düse noch mehr und kommt der Höhe am Wind zusätzlich zugute.

(9) Schwert

Je weiter das Schwert abgefiert ist, desto geringer die Abdrift, und desto mehr Luv macht das Boot gut. Kann das Schwert in Längsschiffsrichtung verstellt werden, dann lohnt es sich vielleicht auch, damit weiter nach vorn zu gehen.
Alle diese Faktoren tragen zur Höhe des Bootes bei, doch man darf die Geschwindigkeit dabei nicht außer acht lassen. Denn einige der eben vorgeschlagenen Maßnahmen gehen zu Lasten der Geschwindigkeit. Wenn man nicht aufpaßt, macht man dabei sogar noch ein Minusgeschäft (siehe auch Seite 114).

(10) Krängung

Auch die Krängung ist nicht ohne Einfluß auf die Höhe. Etwas Krängung nach Lee vermittelt manchmal das Gefühl, man liefe mehr Höhe. Doch der Schein trügt. Wahrscheinlich geht das Gefühl auf die erhöhte Luvgierigkeit zurück, die von der Krängung hervorgerufen wird.

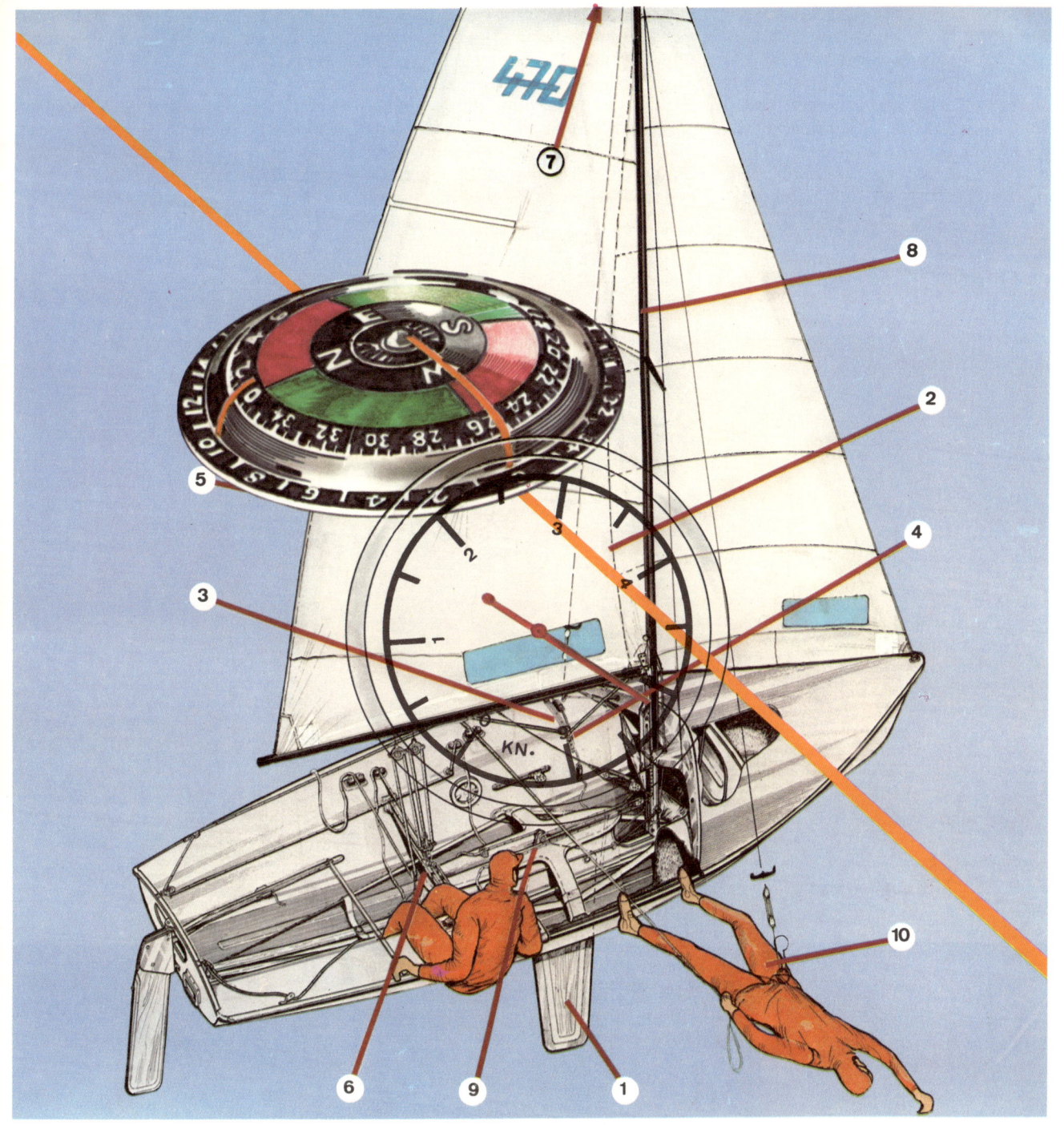

Die drei Zeichnungen (unten) zeigen drei Boote hoch am Wind auf Steuerbordbug, aus der Sicht der Fische. Lee ist im Bild links.

Das linke Boot krängt nach Lee. Die eingetauchte Rumpfform ist asymmetrisch. Sie beult nach Lee aus und ist auf der Luvseite verhältnismäßig schmal und gerade.

In Lee hat das Wasser den größeren Bogen um den Rumpf zu machen. Hier fließt es schneller, und je schneller ein Medium an einem Körper entlangströmt, desto weniger Druck übt es auf ihn aus. Deshalb hat dieses Boot mehr Abdrift.

Bei dem Boot rechts sieht es genau andersherum aus. Es wird nach Luv gekrängt, und der Druckunterschied zugunsten der Luvseite verringert die Abdrift.

Der Rumpf in der Mitte wird auf ebenem Kiel gesegelt. Die benetzte Form ist symmetrisch, und nur das Schwert und die Lateralfläche wirken der Abdrift des Rumpfes entgegen, keine anderen Kräfte.

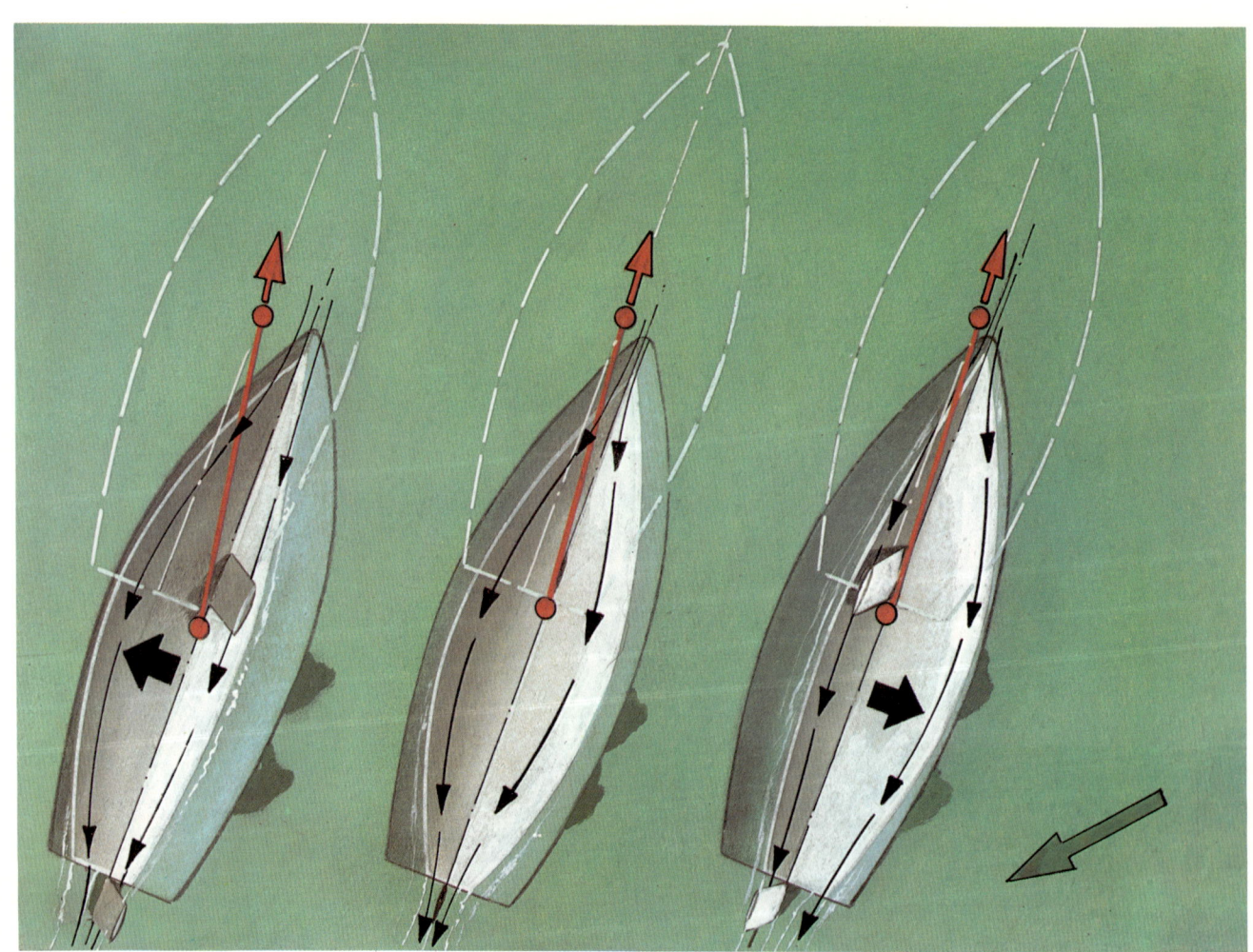

Die Geschwindigkeit am Wind

Auf den vorigen Seiten haben wir uns mit den Faktoren auseinandergesetzt, von denen die Höhe am Wind abhängt. Nachstehend führen wir eine Reihe von Punkten auf, die schuld daran sein können, daß ein Boot zwar eine gute Höhe, aber keine Geschwindigkeit läuft. Die vorgeschlagenen Korrekturen können das durchaus ändern, was jedoch unter Umständen Höhe kostet. Entscheidend ist die Synthese, der Kompromiß zwischen Höhe und Geschwindigkeit. Die meisten der nachstehend vorgeschlagenen Korrekturen lassen sich unter Segeln durchführen. Man kann also auch während der Regatta noch entsprechend umtrimmen, wenn die Bedingungen sich ändern sollten.

Das gilt auch für taktische Situationen. Kommt es beispielsweise darauf an, trotz eines kleinen Schralers die Luvmarke nach Möglichkeit ohne eine weitere Wende zu erreichen, dann kann man auf den letzten Metern den Traveller mittschiffs nehmen, das Schwert voll absenken und auf diese Weise eine extreme Höhe laufen. Das kostet zwar Fahrt, doch das ist in einer solchen Situation weniger tragisch als zwei zusätzliche Wenden.

1. Stabilität des Schwertes

Etwas Flexibilität im hinteren Bereich des Schwertes kann in böigen Winden und einer kurzen, rauhen Welle die Geschwindigkeit erhöhen.

2. Vorsegel-Achterliek

Ein offenes Achterliek bringt Geschwindigkeit, aber keine Höhe. Bei leichtem Wetter jedoch sollte das Vorsegel-Achterliek grundsätzlich kräftig zumachen.

3. Querschiffs-Position der Vorschot-Holepunkte

Versetzt man die Holepunkte weiter nach außen, so vergrößert sich der Anstellwinkel und damit die Vortriebskraft des Vorsegels geringfügig. Das geht allerdings auf Kosten der Höhe.

4. Spannung auf dem Vorsegel-Achterliek

Vor allem in auffrischenden Winden wird das Boot schneller, wenn das Vorsegel-Achterliek entlastet wird, beispielsweise durch mehr Mastfall oder durch ein Versetzen der Holepunkte nach achtern. Doch auch diese Maßnahme geht zu Lasten der Höhe. Deshalb kommt es hierbei sehr auf die Windstärke an.

5. Großsegel-Achterliek

Eine offenere, flachere Großsegel-Achterliekpartie erzeugt zwar relativ mehr Vorschub, entwickelt aber insgesamt weniger Kraft. Deshalb bringt ein solches Achterliek nur bei mehr Wind einen Geschwindigkeitszuwachs, und auch hier geht das wieder zu Lasten der Höhe.

6. Der Traveller

Rutscht der Traveller nach außen, vergrößert sich der Anstellwinkel des Großsegels und damit seine vorwärts gerichtete Kraftkomponente. Das Boot wird schneller. Die gesamte Kraft, die das Segel entwickelt, bleibt dabei erhalten. Es bringt also auch bei leichtem Wetter mehr Geschwindigkeit, doch das Boot muß dann sehr viel voller gesegelt werden.

7. Mastbiegung zur Seite

Eine seitliche Mastbiegung macht sich gleich mehrfach bemerkbar (siehe Seiten 23 und 24). Vor allem öffnet sich die Düse, das Vorsegel-Achterliek wird entlastet, das Großsegel-Achterliek ebenfalls, und im oberen Bereich läßt sogar der Druck auf das ganze Großsegel etwas nach. Die indirekte Folge ist wiederum eine geringere Höhe. Das ist auch bei leichtem Wetter noch der Fall. Doch dann kann eine Mastbiegung in der Mitte nach Luv und oben nach Lee mehr Geschwindigkeit bringen. Vor allem dann, wenn das Großsegel an sich sehr bauchig und das Achterliek der Genua so geschlossen ist, daß bei einem geraden Mast und einem etwas locker gefahrenen Groß die Düse abgeklemmt wird.

8. Mastbiegung nach hinten

Auch eine zunehmende Mastbiegung nach hinten entlastet das Vorsegel-Achterliek. Die Düse wird offener, wenngleich nicht so sehr wie bei einer seitlichen Mastbiegung. Ferner öffnet sich das Achterliek des Großsegels, es wird flacher. Das Boot wird schneller, bei einem relativ geringen Verlust an Höhe.

9. Schwerteinstellung

Schon eine kleine Anstellung des Schwertes nach hinten kann mehr

Bootsgeschwindigkeit bringen, vor allem bei härterem Wind. Mit einem Steckschwert geht das natürlich nicht, weil ein solches Schwert nicht drehbar gelagert ist.

10. *Krängung*

Es dürfte bereits klar sein, daß ein Boot auf ebenem Kiel am schnellsten läuft. Nur bei leichtem Wetter ist eine Krängung nach Lee besser. Dadurch verringert sich die benetzte Oberfläche des Rumpfes, und die Segel stehen durch ihr Gewicht etwas besser.

Gewichtstrimm und Ruderdruck

Es hängt auch stark vom Gewichtstrimm des Bootes ab, ob eine Jolle ausgeglichen auf dem Ruder liegt oder nicht. Dabei ist nicht nur die Krängung des Bootes zu beachten, sondern auch der Längstrimm. Wer zum Beispiel raumschots die

Probe aufs Exempel machen will, braucht das Boot dabei nur mal kurz aufs Ohr zu legen. Schon wird es sehr viel luvgieriger. Das kann raumschots ein echtes Problem werden. Denn je mehr Gegenruder man geben muß, um das Boot auf Kurs zu halten, desto mehr wirkt das Ruder als Bremse.

Umgekehrt wird das Boot leegierig, wenn es nach Luv gekrängt wird. Dann ist es gar nicht so leicht, das Boot wieder auf Kurs zu bringen: Der Steuermann fällt nach hinten und muß gleichzeitig die Pinne von sich weg nach vorn drücken.

Es bedarf schon einer gewissen Übung, das Boot bei böigem Wetter immer auf ebenem Kiel zu segeln. Die Böen und Flautenlöcher muß man im voraus erkennen, um mit der Pinne zu reagieren, bevor das Boot sich auf die Seite legt.

Trimmt man das Boot auf die Nase, wird es ebenfalls luvgierig. Bei leichtem Wetter lohnt es sich allerdings manchmal, diese Luvgierigkeit in Kauf zu nehmen. Dafür hebt man das Achterschiff aus dem Wasser und verringert die benetzte Oberfläche.

Bei mehr Wind verlagert man das Gewicht dagegen nach achtern, um das Vorschiff zu entlasten und der Luvgierigkeit entgegenzuwirken.

Dieser FD ist für das harte Wetter hervorragend getrimmt. Der Mast biegt sich stark, das Vorschiff ist entlastet und kommt aus dem Wasser, das Schwert ist leicht nach hinten angestellt. Alle drei Maßnahmen wirken der Luvgierigkeit entgegen. Das Boot reagiert lebendig und läßt sich in den Böen gut halten.

Mit steifem Mast hoch am Wind

Der Mast dieses 470ers ist so ge-
riggt, daß er absolut geradesteht.
Die Salinge sind so stumpf ange-
winkelt, daß sie von den Wanten
nach achtern gezogen werden
(siehe Seite 25). Die Wanten sind
steif durchgesetzt, im Deck wird der
Mast vom Kontroller nach achtern
gedrückt.
Auf diese Weise bleibt der Mast
steif, das Großsegel hat ein volles
Profil für leichtes Wetter.

Mastbiegung unten

Derselbe 470er unter denselben Bedingungen. Es wurde nur eine einzige Trimmveränderung durchgeführt: Der Mast-Kontroller läßt den Mast unten, knapp über dem Deck, nach vorn biegen.

Auf diese Weise wird das Vorsegel-Achterliek entspannt, und das Großsegel wird unten flacher. Das Boot läuft schneller. Bei zunehmendem Wind, wenn auch der Steuermann sich voll raushängen muß, ist dieser Trimm besser. Der Mast-Kontroller sollte immer so eingestellt sein, daß die Mannschaft voll ausreiten muß, um das Boot zu halten. Wäre in dieser Situation die Mastbiegung unten nicht verstärkt worden, dann hätte die Mannschaft das Boot nicht mehr auf ebenem Kiel halten können.

Flexibler Masttopp

Ist der Topp eines Mastes besonders flexibel, wird er in einer Bö nach Lee wegfedern. Dabei wird das Großsegel-Achterliek entlastet. Das Boot krängt nicht so stark, und es wird in der Bö schneller beschleunigen.

Weil der Mast sich dabei nur oben und nicht in der Mitte biegt, bleiben die Düse und die Spannung auf dem Vorsegel-Achterliek unverändert. Das Boot verliert also nicht an Höhe. Der Vorteil eines solchen Mastes liegt darin, daß er nach der Bö automatisch wieder gerade wird. Das gibt dem Großsegel sein volles Profil und seine volle Schubkraft zurück. Deshalb bietet sich ein solcher Mast gerade für böiges Wetter an.

Seitwärts steifer Mast

Ein Mast, der absolut stramm und ohne seitliches Spiel im Deck steht, kann mit Salingen der richtigen Länge und steif durchgesetzten Wanten seitlich geradegehalten werden. Mit einem solchen Mast läuft man, komme was wolle, die beste Höhe.

Legt der Wind zu, fährt man die Wanten etwas lockerer, so daß der Topp nach Lee wegfedern kann. Ein solcher Trimm hat sich vor allem bei langsam, aber gleichmäßig zunehmendem Wind bewährt.

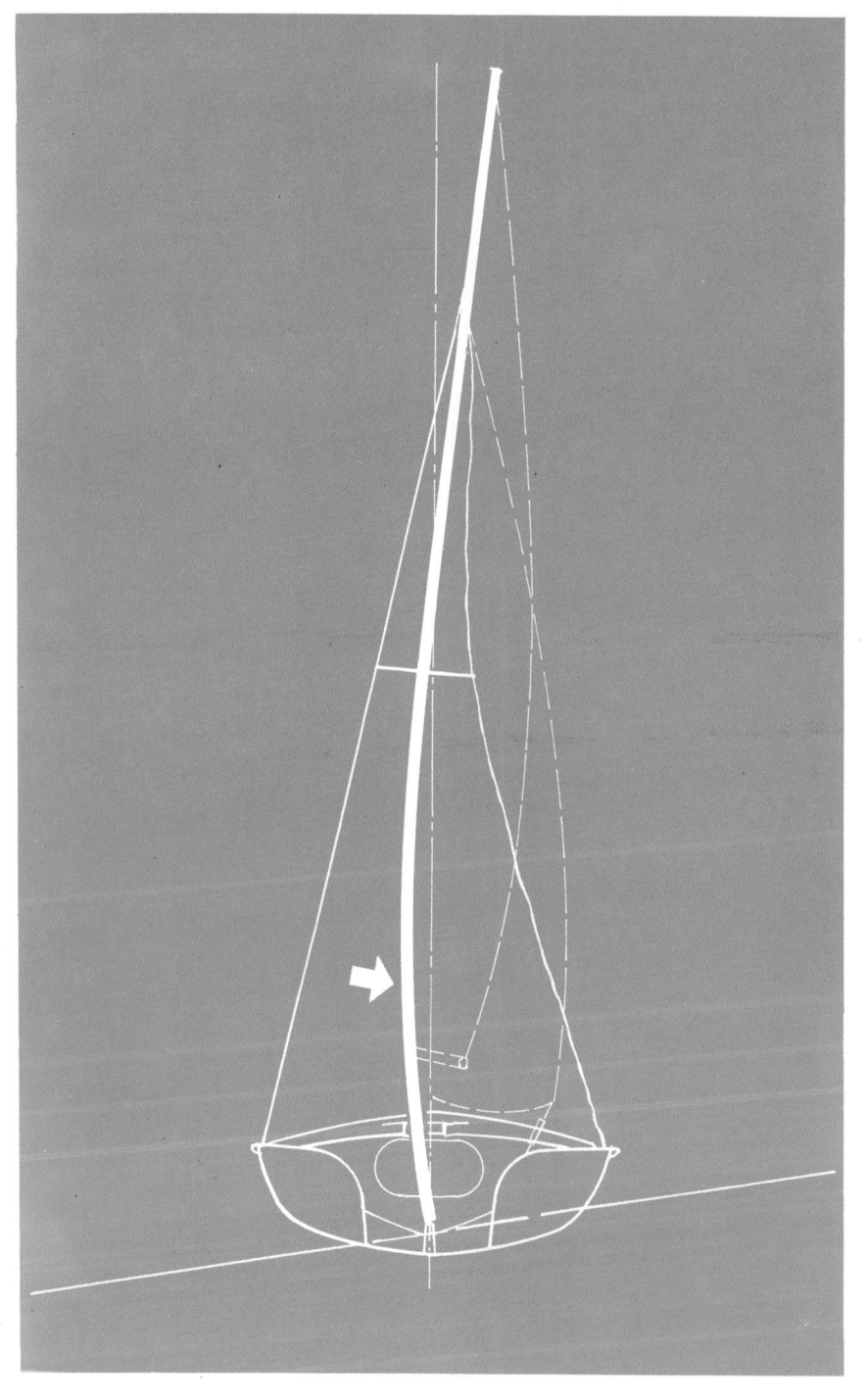

Seitwärtsbiegung unten

Hat der Mast im Deck seitliches Spiel, ist es fast unmöglich, seine Biegung zu kontrollieren. Vorstag und Wanten üben einen erheblichen Stauchdruck auf den Mast aus. Dieser Stauchdruck verstärkt eine Seitenkurve, die mit nur wenig Spiel im Deck beginnt, erheblich.

Fährt man die Wanten lockerer, neigt sich der ganze Mast nach Lee. Dabei öffnet sich auch das Vorsegel-Achterliek und die Düse, vor allem unten, wo es nichts bringt. Deshalb taugt ein solcher Trimm nichts.

Seitwärtsbiegung weiter oben

Bei sehr leichtem Wetter braucht man manchmal ein sehr volles Großsegel. Fährt man dazu die Fock mit geschlossenem Achterliek und weit innenliegenden Holepunkten, um die nötige Höhe zu laufen, dann kann man in der Mitte wahrscheinlich eine kräftige Mastbiegung nach Luv gebrauchen. Sonst ist das Großsegel vielleicht zu voll, und die Düse wird abgeklemmt. Dann, aber nur dann, sollte der Mast im Deck etwas seitliches Spiel haben.

Dieser Trimm kann durch verkürzte Salinge und loser gefahrene Wanten unterstützt werden. Es kommt darauf an, die Düse so weit zu öffnen, daß das Großsegel fast keine Abwinde mehr abbekommt.

Ein solcher Trimm bewährt sich allerdings auch im anderen Extrem, nämlich bei sehr hartem Wind. Auch dann braucht man ein entlastetes Vorsegel-Achterliek und eine möglichst offene Düse, damit das Boot sich nicht auf die Seite legt und langsamer wird. In allen Situationen zwischen diesen beiden Extremen sollte der Mast im Deck jedoch kein seitliches Spiel haben.

Die Positionen der Mannschaft

Rücken Steuer- und Vorschotmann
weit auseinander, wie auf dem Bild
oben, geht das Boot schwerfällig
und lustlos durch die See. Das Vorschiff schlägt in die Wellen, wie man
hier sieht. Außerdem ist der Windwiderstand der Mannschaft größer,
wenn beide auseinander rücken.

Steuer- und Vorschotmann sollten so dicht wie möglich zusammenrücken. Das erleichtert die Schiffsenden vorn und achtern, und das Boot geht sozusagen leichtfüßiger durch die See. Außerdem bietet die Mannschaft weniger Windwiderstand.

Die richtige Position von Steuer- und Vorschotmann hängt von der Höhe am Wind und von der Geschwindigkeit des Bootes ab (siehe auch Seite 119). Sitzt man bei leich- tem Wetter wie auf dem obigen Bild verhältnismäßig weit achtern, dann saugt sich der Spiegel fest, und außerdem wird die benetzte Rumpf- fläche größer.

Bei leichtem Wetter sollten Steuer- und Vorschotmann ihr Gewicht weiter vorn im Boot konzentrieren. Dann kommt das Unterwasserschiff hinten aus dem Wasser. Der Spiegel saugt sich nicht fest, und die benetzte Oberfläche ist kleiner. Sie wird noch kleiner, wenn man das Boot obendrein nach Lee krängt.

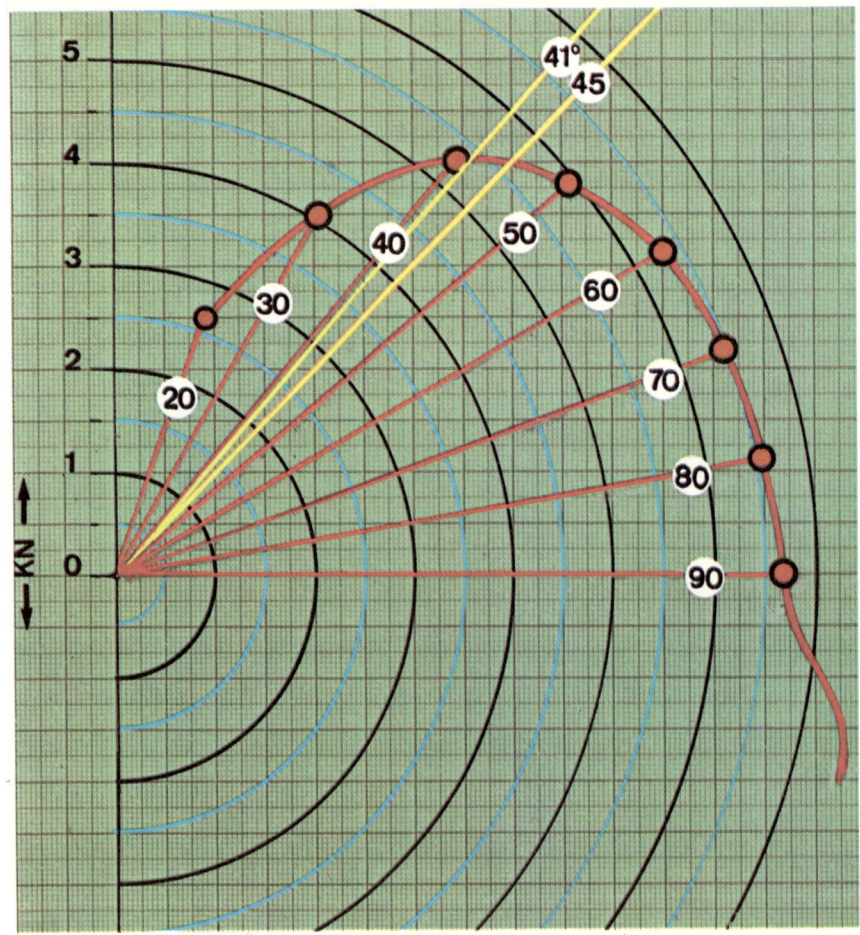

Optimale Zielgeschwindigkeit nach Luv

Auf den vorherigen Seiten haben wir uns mit der Geschwindigkeit und der Höhe am Wind beschäftigt. Wir haben gesehen, daß eine Verbesserung der Geschwindigkeit gewöhnlich auf Kosten der Höhe geht und umgekehrt. Jetzt kommt es also darauf an, die Synthese zwischen Geschwindigkeit und Höhe zu finden, um eine optimale Zielgeschwindigkeit nach Luv zu erreichen. Das ist nicht ganz leicht,

denn jedes Boot reagiert anders auf die unterschiedlichen Wind- und Wellenbedingungen.

Man kann die Geschwindigkeit eines Bootes und seine Höhe am Wind in einer Grafik auftragen. In der Grafik oben zeigt die senkrechte Achse genau nach Luv. Die schwarzen und blauen Halbkreise um den Mittelpunkt drücken die Geschwindigkeit des Bootes in Knoten aus. Die roten Strahlen, die vom Mittelpunkt ausgehen, stellen unterschiedliche Höhen zum Wind dar. Der jeweilige Windeinfallswin-

kel ist in den weißen Kreisen angegeben. An der Länge der Strahlen läßt sich die Geschwindigkeit in Knoten ablesen, die das Boot auf dieser Höhe am Wind erzielt. Verbindet man die Endpunkte der Strahlen miteinander, so hat man das typische Geschwindigkeitsdiagramm eines Segelbootes. Die optimale Höhe führt vom Mittelpunkt zum Scheitelpunkt dieser Verbindungskurve und liegt in unserem Beispiel zwischen 41° und 45° zum wahren Wind.

Es wäre schon ideal, wenn man

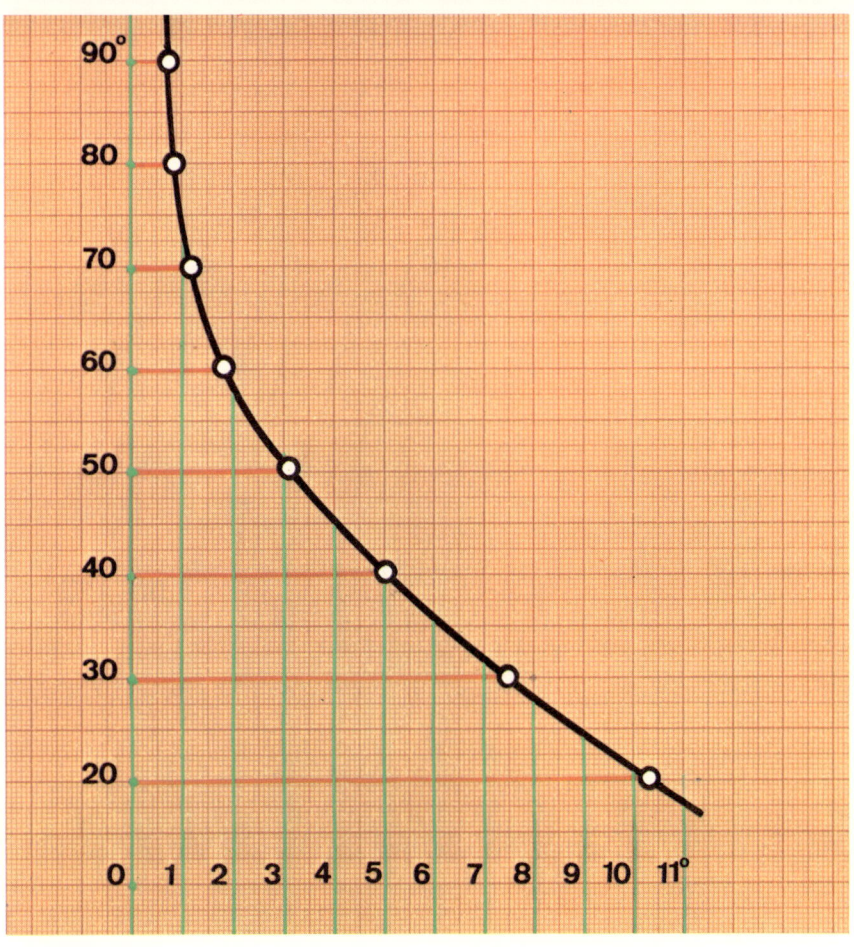

sich auch vom eigenen Boot ein solches Diagramm für die verschiedensten Windstärken anlegen könnte. Dazu braucht man ein Begleitboot, das mit genauen Instrumenten ausgestattet ist — Kompaß, Windmesser und Log. Auf diese Weise ließen sich die richtigen Trimmeinstellungen für die unterschiedlichsten Bedingungen ermitteln und auf den Trimmprotokollen und Trimmstreifen festhalten.

Bei der Suche nach dem optimalen Amwind-Trimm wird die Abdrift des Bootes oft vergessen. Dabei kann man die Abdrift, die von der Höhe des Bootes am Wind abhängt, im voraus berechnen. Auf der Grafik rechts sind die verschiedenen Abdriftwinkel in Abhängigkeit von der jeweiligen Höhe des Bootes zum wahren Wind dargestellt.

Mit dichten Schoten läuft ein Boot zwischen 40° und 50° am wahren Wind. Die Grafik oben, die eine typische Abdriftkurve darstellt, zeigt uns, daß die Abdrift in diesem Bereich zwischen 5° und 3° liegt.

Je höher das Boot am Wind segelt, desto langsamer läuft es und desto größer ist die Abdrift. Die Abdrift hat also auf die optimale Zielgeschwindigkeit nach Luv einen erheblichen Einfluß. Doch diesen Einfluß kann man nur schwer beziffern, weil die Driftwinkel so klein sind. Als Anhaltspunkt mag die obige Kurve dienen. Sie ist typisch für Schwertjollen und beruht auf einer großen Anzahl von Versuchsmessungen unter idealen Bedingungen.

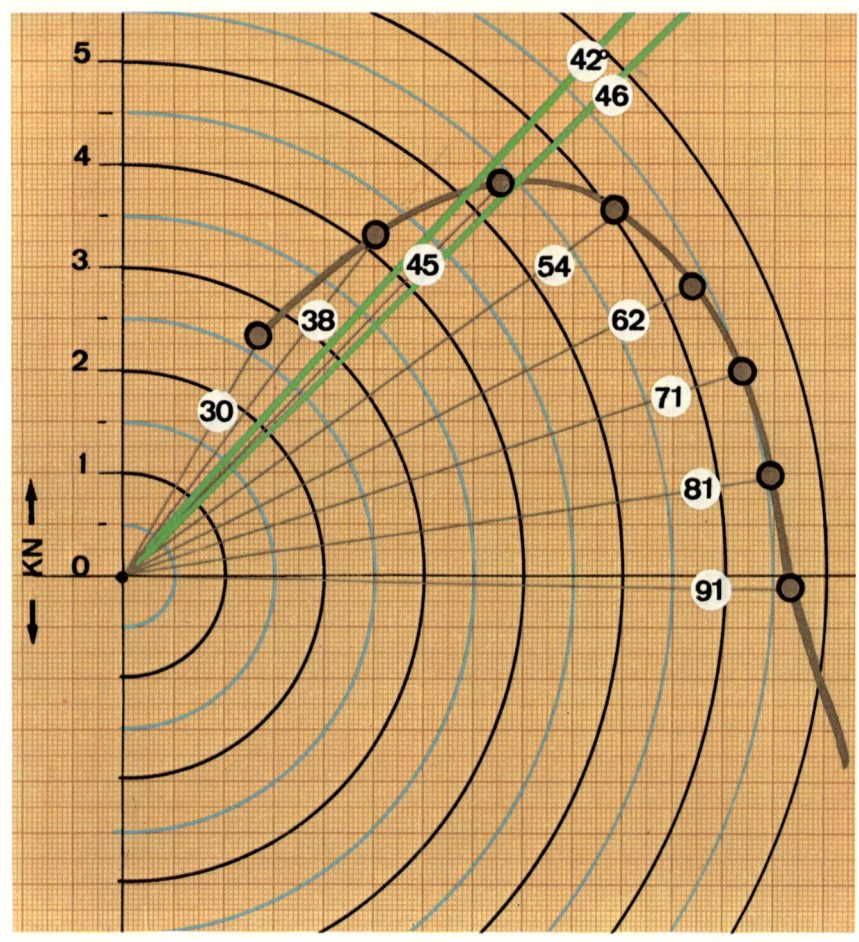

Die Grafik auf dieser Seite unterscheidet sich von der vorherigen nur dadurch, daß sie auch noch die Abdrift berücksichtigt. Die Geschwindigkeiten blieben unverändert. Es zeigt sich, daß die optimale Zielgeschwindigkeit nach Luv unter Berücksichtigung der Abdrift etwa 1° weniger hoch liegt, nämlich zwischen 42° und 46°. Um diese Höhe über Grund zu laufen, muß die Höhe des Bootes im Wasser zwischen 38° und 42° liegen. Diesen Wert erreicht man, wenn man

die Abdrift von 4° von der optimalen Höhe über Grund abzieht.
Jetzt wollen wir einmal sehen, was passiert, wenn man beide Grafiken aufeinanderlegt (rechts oben). Die Grafik auf der vorherigen Seite zeigt die Geschwindigkeit in Abhängigkeit von dem gesteuerten Kurs und damit den optimalen Kurs durchs Wasser. Die Grafik auf dieser Seite zeigt den Kurs, der dabei mit gleicher Geschwindigkeit tatsächlich über Grund zurückgelegt wurde, einschließlich Abdrift also.

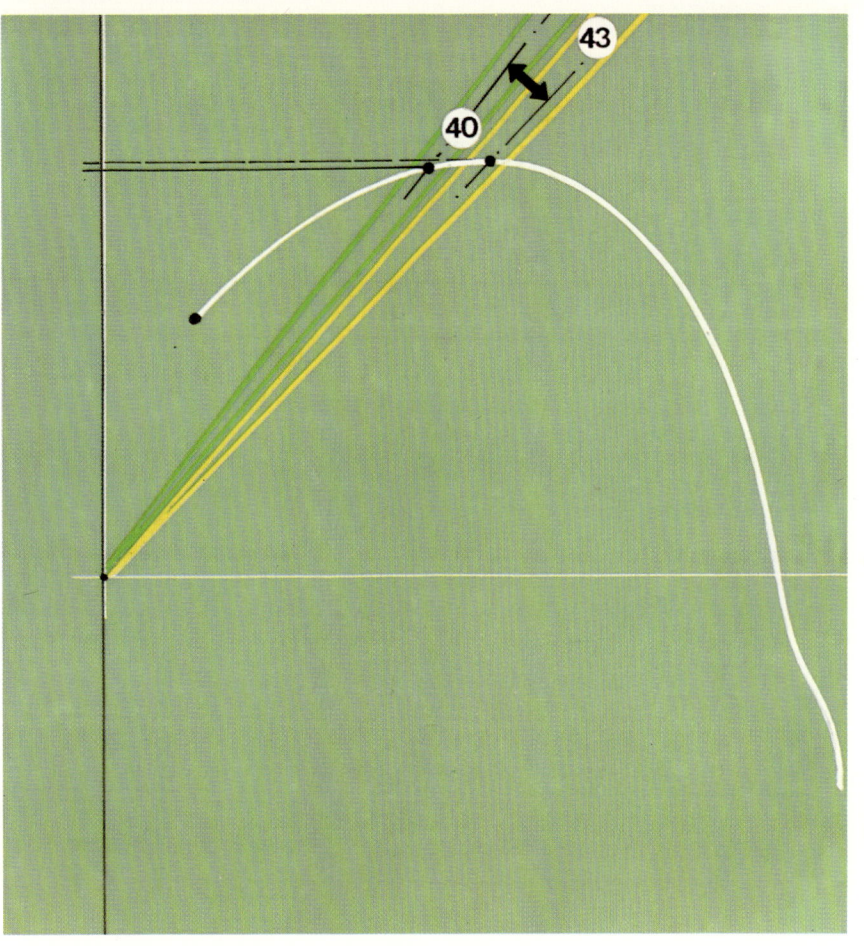

In der ersten Grafik liegt die optimale Höhe zwischen 41° und 45° (gelbe Linien), im Durchschnitt also 43°.

In der zweiten Grafik liegt die optimale Höhe zwischen 38° und 42° (grün), im Durchschnitt also bei 40°.

Berücksichtigt man die Abdrift, liegt der optimale Kurs also zwischen 40° und 43°. Das ist der Kurs, den man zum wahren Wind anliegen muß.

Dies ist eine ziemlich theoretische Übung, die aber immerhin auf einer ganzen Reihe von Yacht-Tests beruht. Zumindest geht aus den Zeichnungen ganz klar der Unterschied hervor, den die Abdrift macht. Es zeigt sich also, daß die Amwind-Leistung eines Bootes nicht nur von seiner Höhe und seiner Geschwindigkeit abhängt, sondern auch von einer möglichst geringen Abdrift. Die Abdrift hängt ab von der Rumpfform und von der Gestaltung des Schwertes und des Ruderblattes.

Der ideale Kurs, ein Kompromiß zwischen zwei Extremen: mehr Höhe, weniger Geschwindigkeit oder umgekehrt.

Leichtwetter, Gewicht nach vorn.

Hohe Geschwindigkeit, Gewicht weit nach hinten.

Raumschots

Wie an der Kreuz hängt die Geschwindigkeit eines Bootes auch raumschots von Faktoren ab, die einander widersprechen können. Wenn das Boot raum nicht läuft, muß man Schritt für Schritt eine ganze Reihe von Punkten überprüfen, bis man die Ursache gefunden hat. Viele Punkte kennen wir schon, weil sie auch die Amwind-Geschwindigkeit beeinflussen. Doch raumschots ist ihre Wirkung größer, weil es sich dann um höhere und beim Gleiten sogar um sehr viel höhere Geschwindigkeiten handelt.

Position des Vorschotmannes

Auf Seite 112 wurde dargestellt, wie die Position der Mannschaft im Boot die Geschwindigkeit beeinflussen kann. Im allgemeinen kann man sagen, daß die Mannschaft bei leichtem Wetter weiter nach vorn rücken sollte, um das Achterschiff aus dem Wasser zu heben. Bei Mittelwetter sollte sie ihr Gewicht mittschiffs konzentrieren, und unter Gleitbedingungen sollte sie nach achtern rücken. Je größer die Geschwindigkeit wird, desto weiter sollte die Mannschaft ihr Gewicht nach achtern verlagern, damit das Vorschiff leichter wird und vom anströmenden Wasser besser angehoben werden kann.

Das Schwert

Auf einem spitzen Raumschotskurs oder auch halbenwinds lohnt es sich bei leichtem Wetter kaum, das Schwert hochzunehmen. Das bringt nur mehr Abdrift, die Geschwindigkeit bleibt die gleiche. Bei mehr Wind und Geschwindigkeit wächst jedoch der Ruderdruck, und dann sollte man mit dem Schwert ausgleichen. Grundsätzlich kann man sagen, je mehr es weht, desto mehr wird das Schwert nach hinten an-

gestellt. Segelt das Boot nicht ausgeglichen, muß man entsprechend Gegenruder geben, und das wirkt wie eine Bremse (siehe Seite 92). Statt in den Böen Fahrt aufzunehmen, legt das Boot sich dann auf die Seite. Das Schwert sollte also so weit aufgeholt werden, bis das Boot auf ebenem Kiel ausgeglichen segelt.

Wenn es sehr hart weht, sollte man das Schwert schon beim Run-

Als erstes sollte nach dem Runden der Luvtonne das Schwert halb hochgenommen werden.

den und noch während des Abfallens hochholen. Denn in diesem Moment steht das Schwert kaum unter Druck und läßt sich leichter bedienen.

Vergessen Sie nicht, daß der Reibungswiderstand im Quadrat der Geschwindigkeit wächst und schnelle Boote deshalb unter Wasser ganz besonders sorgfältig behandelt sein müssen (siehe Seite 4).

120

Der Großbaum-Niederholer

Dieses ganz wichtige Trimm-Instrument kontrolliert das Großsegel-Profil, sobald die Schoten gefiert werden. Dabei kommt es im allgemeinen darauf an, daß das Segel möglichst voll ist, nicht verwindet und eine maximale projizierte Fläche hat.

Oben zeigen wir drei Boote mit unterschiedlich stark durchgesetzten Großbaum-Niederholern.

Rechts ist der Niederholer zu lose.

Der Großbaum steigt, das Großsegel verwindet. Die projizierte Fläche ist zu klein, und die Achterliekpartie klappt nach hinten weg. Das Segel zieht nicht.

Auf dem Boot in der Mitte ist der Niederholer genau richtig für Mittelwetter durchgesetzt. Die Spannung auf dem Achterliek ist groß genug, um eine Verwindung zu vermeiden. Und die projizierte Fläche des Segels ist so groß wie

möglich, ohne den Mast zu biegen. Das Segel wird außerdem ruhiggehalten, das Boot liegt damit auch ruhiger im Wasser.

Links ist der Niederholer so angeknallt, daß der Mast sich biegt und das Segel zu flach trimmt. Das bringt nur dann etwas, wenn es sehr hart weht und das Boot sich nicht mehr richtig kontrollieren läßt, weil das Segel zu voll ist.

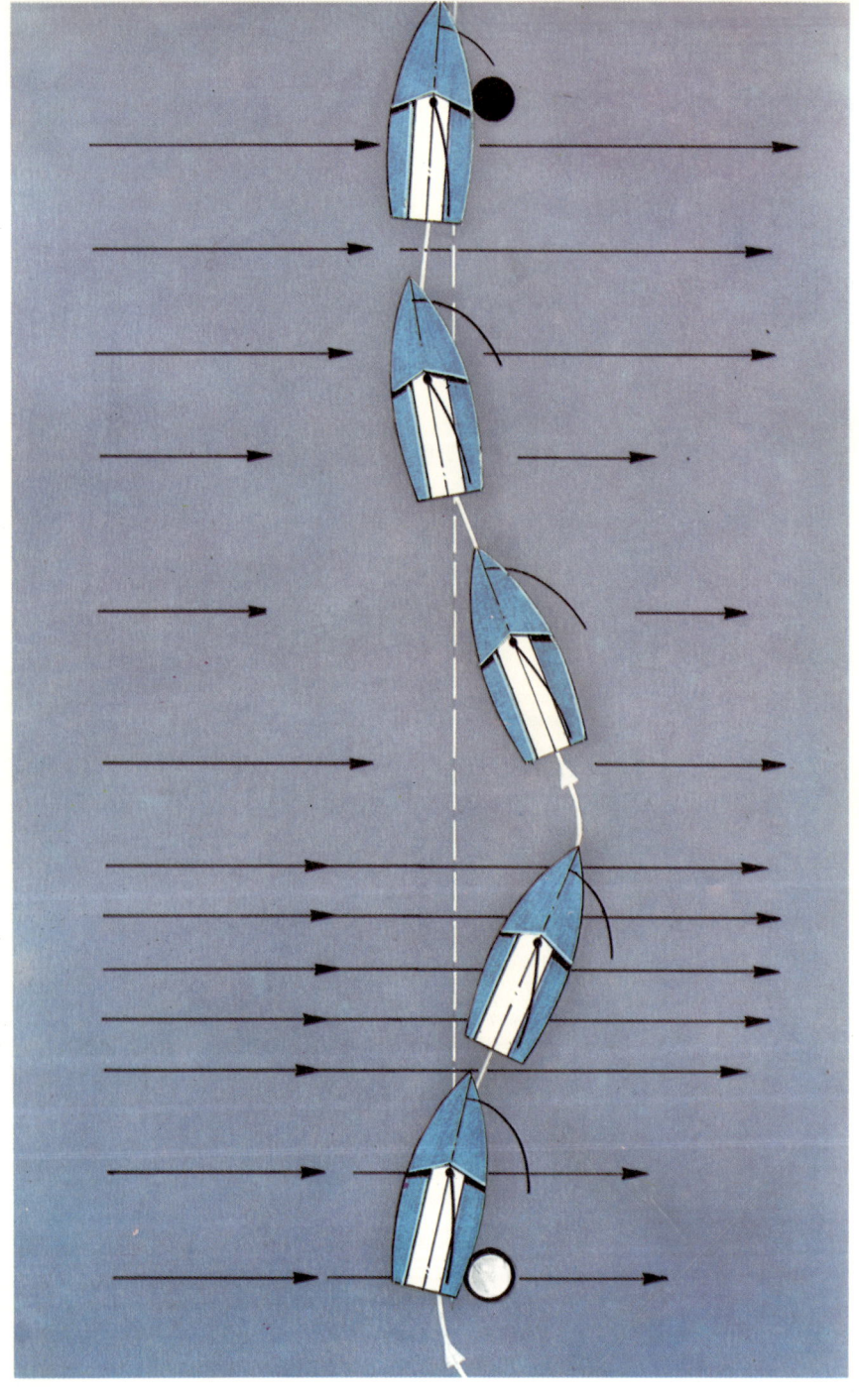

Wechsel zwischen Anluven und Abfallen

Raumschots kommt es nicht nur auf guten Trimm und Spitzengeschwindigkeit an, sondern auch darauf, wie man den Wind und die Wellen ausnutzt. Denn raumschots ist der direkte Kurs von Boje zu Boje selten der beste. Das ist nur dann der Fall, wenn der Wind tatsächlich einmal, was selten genug vorkommt, absolut beständig und ohne irgendwelche Schwankungen weht. Normalerweise wechselt er jedoch ständig in der Stärke und auch in der Richtung, und damit kann man raumschots viel machen.

Als Faustregel gilt, in der Bö abfallen und in den flaueren Passagen anluven.

Fällt man ab, dann entwickeln die Segel mehr Vortrieb und weniger Krängung. Gleichzeitig hat man mehr von der Bö, weil man sie ein längeres Stück begleitet.

Den Verlust an Höhe gleicht man zwischen den Böen wieder aus, indem man einfach höher segelt als normal. Dann ist man außerdem früher in der nächsten Bö, und schließlich liefert die größere Höhe in dem leichteren Wind vielleicht doch noch genug Winddruck, um mit der ganzen Mannschaft außenbords zu trimmen und das Gewicht in Geschwindigkeit umzusetzen.

Am Ende ist der zurückgelegte Weg durch das Wasser vielleicht länger, aber das Boot ist schneller an der Boje, und darauf kommt es an.

Auch hier muß wieder darauf hin-
gewiesen werden, daß der Reibungswiderstand im Quadrat zur
Geschwindigkeit wächst. Je schneller ein Boot ist, desto perfekter

sollte sein Unterwasserschiff sein
(siehe Seite 3), und das macht sich
vor allem auf den schnellen Raumschotskursen bemerkbar.

Vor dem Wind

Position der Besatzung

Auch vor dem Wind kommt es sehr auf die Position der Mannschaft im Boot an. Natürlich hängt die Geschwindigkeit vor dem Wind in erster Linie vom Spinnaker ab. Der Spinnaker ist jedoch so wichtig, daß er in einem besonderen Kapitel behandelt wird (Seite 129).

Weil die krängenden Kräfte vor dem Wind gering sind, kann die Mannschaft ihr Gewicht jetzt beliebig von vorn nach achtern und zurück verlagern, um dem Schiff den optimalen Längstrimm zu geben. Die drei Fotos auf dieser Seite zeigen drei unterschiedliche Mannschafts-Positionen. Querschiffs wirken die Mannschaftsgewichte in allen drei Beispielen gleich.

Auf dem oberen Bild ist das Mannschaftsgewicht konzentriert und liegt verhältnismäßig tief. Doch im Gegensatz zu einem Kreuz- oder spitzen Raumschotskurs hat es vor dem Wind Nachteile, wenn die Mannschaft so eng zusammenrückt. Insbesondere bei böigem Wetter kommt es dann vor allem darauf an, die Rollbewegungen des Schiffes in Wind und Welle auszuglei-

chen. Das geht besser, wenn beide einander gegenüber auf den Seitendecks sitzen und sich je nach Bedarf hinauslehnen können.

Vom Seitendeck aus lassen sich auch die Schoten besser bedienen und die Segel besser beobachten. Hinzu kommt noch als kleiner Bonbon, daß der Windwiderstand der obensitzenden Mannschaft vor dem Wind ja von Vorteil ist. Denn das schiebt.

Auf dem Bild unten trimmt der Vorschoter so weit wie möglich außenbords. Da kann er sehr gut den Spinnaker beobachten, aber aus dem Trapez heraus lassen sich die Schoten nicht so gut fahren. Außerdem können die beiden Rollen des Bootes leicht mal mit ihren Körperschwerpunkten durch das Wasser schleifen, wenn sie so weit draußen hängen. Das bremst und kostet Konzentration.

Bei leichtem Wetter kann es sich lohnen, das Boot etwas nach Luv zu krängen. Dann hängt der Spinnaker nicht so sehr im Windschatten des Großsegels, und das Großsegel seinerseits kommt mit der Gesamtfläche etwas höher. Bei Flaute ist die Luft da oben meist etwas besser, sprich kräftiger.

Schwert und Ruderblatt

Vor dem Wind sollte das Schwert fast ganz aufgeholt sein, um die benetzte Fläche zu verkleinern. Dann läßt sich das Boot auch besser beherrschen, wenn es härter weht. Niemals sollte man mit dem ganz abgefierten Schwert halsen. Die Hebelwirkung des Schwertes ist zu groß, und man läuft Gefahr zu kentern. Andererseits sollte etwas Schwert immer im Wasser sein, damit das Boot so etwas wie

einen festen Halt hat und sich auch besser steuern läßt. Ganz ohne Schwert würde das Boot seitlich wegrutschen und nur mit übertrieben großen Ruderausschlägen halbwegs zu kontrollieren sein. Da ist ein kleiner Rest Schwertfläche im Wasser das kleinere Übel, auch wenn's etwas Reibungswiderstand bringt.

Ein Hochholen des Ruderblatts empfiehlt sich dagegen selten. Das verringert zwar die benetzte Fläche etwas, doch man muß dann härter Ruder legen, was unnötig bremst, und in einem unvermittelten Luvkampf oder einer plötzlichen Bö kann man womöglich nicht mehr rechtzeitig reagieren.

Mastfall

Grundsätzlich gilt, daß der Mast vor dem Wind nach vorn geneigt werden soll. Zieht man den Mast dazu im Fuß weiter nach hinten, läßt sich der Baum weiter auffieren, bevor er vom Leewant blockiert wird. Das ist vor allem wichtig auf Booten, die keinen Spinnaker haben. Dann sollten sogar die Wanten gelockert und das Vorstag durchgesetzt werden. Das Fockfall bleibt jedoch, wie es war. Dann ist die nach Luv ausgebaumte Fock sehr viel voller.

Großschot

Natürlich wird die Großschot vor dem Wind so weit wie möglich aufgefiert. Doch achten Sie darauf, daß der Baum gerade eben nicht ans Leewant schlägt. Am besten machen Sie sich an diesem Punkt einen Achterknoten in die Schot. Sonst drückt der Großbaum bei

hartem Wind zu stark gegen das Want und hebelt den Mast über den Großbaumbeschlag unten nach hinten. Biegt sich der Mast dabei oben unter dem Zug des Spinnakers noch nach vorn, kann er leicht brechen.

In harten Böen wird sich das Großsegel etwas verwinden, und das Boot fängt womöglich stark an zu geigen. Das kann man unterbinden, wenn man die Großschot ganz schnell ein paar Zentimeter dichternimmt.

Großbaum-Niederholer

Er kann vor dem Wind genauso gefahren werden wie raumschots. Auch hier kommt es auf eine geringe Verwindung und eine möglichst große projizierte Segelfläche an (siehe Seite 121).

Optimale Zielgeschwindigkeit nach Lee

Platt vorm Wind segelt man nicht unbedingt am schnellsten. Liegt die Leetonne genau in Lee, lohnt es sich normalerweise, zunächst etwas höher zu halten und auf dem halben Bahnschenkel zu halsen.

Grundsätzlich ist es so, daß ein Boot raumschots schneller segelt als platt vor dem Wind. Dieser Geschwindigkeitszuwachs kann den damit verbundenen Umweg mehr als wettmachen. Entscheidend ist dabei, wie stark man abfallen muß, und das hängt von der Windstärke ab. Bei leichtem Wetter, wenn das Boot vor dem Wind weit hinter seiner theoretischen Höchstgeschwindigkeit zurückbleibt, kann es sich ganz besonders lohnen, höher zu segeln. Je mehr der Wind zunimmt, desto weniger lohnt es sich jedoch. Bei sehr hartem Wetter schließlich bringt es kaum noch etwas, vom direkten Kurs abzuweichen.

Schließlich kann man noch sagen, daß schnellere Boote im allgemeinen mehr von einem Umweg raumschots profitieren als langsame. Für einen Tornado-Katamaran lohnt es sich beispielsweise noch bei sehr hartem Wind, raumschots statt vor dem Wind zu segeln. Eine kleine Einhandjolle wie beispielsweise die OK-Jolle oder das Finn würde unter diesen Bedingungen dagegen weit vorteilhafter platt vor dem Wind den direkten Kurs laufen.

Die beiden Diagramme rechts verdeutlichen das. Sie zeigen die „optimale Tiefe" folgender Bootstypen bei leichtem Wind (oben) und Mittelwind:

(1) Tornado, (2) Flying Dutchman, (3) Tempest, (4) Soling, (5) 470er, (6) Finn.

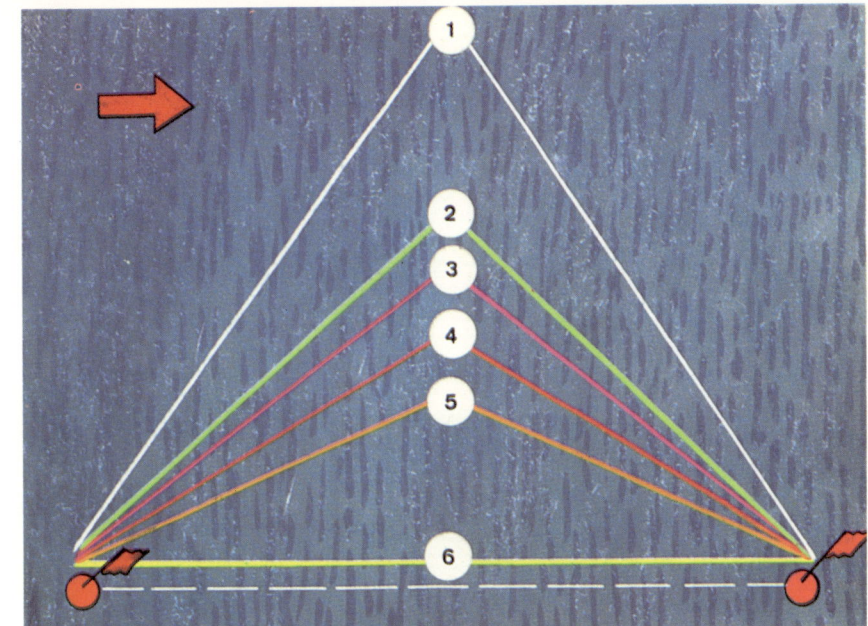

Die dargestellten Winkel deuten die Unterschiede nur an und erheben keinen Anspruch auf Genauigkeit.

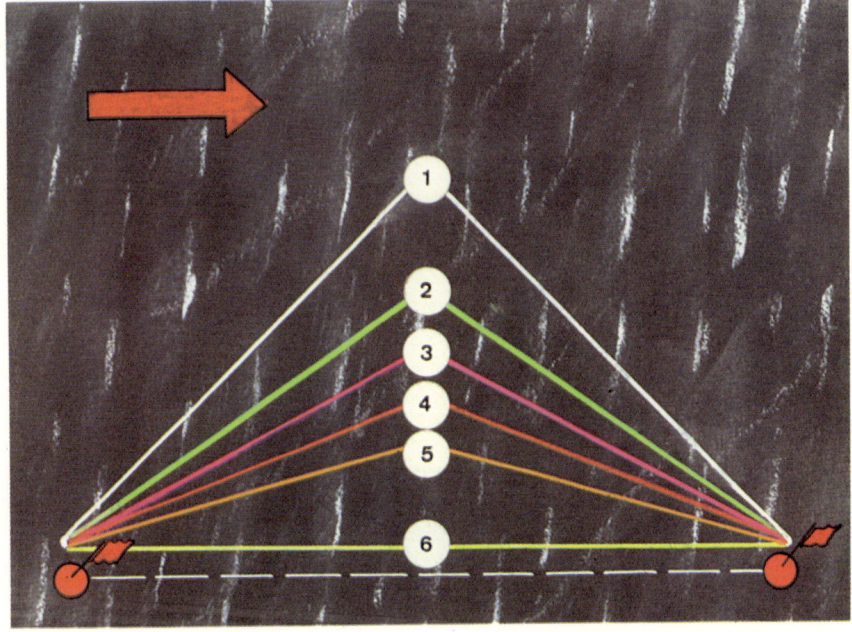

Der Spinnaker

Höhe des Spinnakerbaumes

Spinnaker sind so ausgelegt, daß ihre beiden Schothörner auf gleicher Höhe gefahren werden. Das Schothorn in Lee ist in seiner Höhe nicht beeinflußbar. Es pendelt sich je nach Winddruck und Zugrichtung der Schot selbst ein. Also muß der Spinnakerbaum verstellbar sein, um mit dem Luv-Schothorn ausgleichen zu können.

Der Spinnakerbaum des oberen Bootes auf der Zeichnung rechts wird zu hoch gefahren. Das Profil des Spinnakers ist asymmetrisch. Das Luvliek ist zu lose und kippt nach vorn. Bei leichtem Wetter fällt der Spinnaker ein.

Auf dem mittleren Boot zeigt der Baum zu tief nach unten. Das Luvliek ist zu geschlossen. Der Spinnaker ist auf dieser Seite voller, die Windströmung im Spinnaker ist unausgeglichen. Das Luvliek kann nicht richtig getrimmt werden und fällt leicht ein. Der Spinnaker zieht nicht richtig.

Auf der Skizze unten steht der Spinnakerbaum waagerecht. Der Spinnaker ist leicht zu trimmen, er hat die vorgegebene Form.

In leichtem Wetter sacken die Schothörner nach unten, weil der Wind nicht ausreicht, das Tuch und das Gewicht der Schoten zu tragen. Dann muß auch der Spinnakerbaum tiefer gefahren werden.

Nimmt der Wind zu, dann steigen auch die Schothörner, und der Spinnakerbaum muß entsprechend mitwandern. Der Spinnaker kann so hoch steigen, bis er oben waagerecht zum Fallaustritt steht (siehe auch rechte Seite).

Fast immer ist die Länge des Spinnakerbaums durch Klassenvorschriften begrenzt. Grundsätzlich werden Spinnakerbäume in der maximal erlaubten Länge geliefert. Doch um diese Länge voll auszunutzen, muß er waagerecht zum Mast gesetzt werden. Das ist vor allem raumschots wichtig, wenn der Spinnaker so weit vorgeschiftet wie möglich gefahren werden muß, um vom Vorsegel klarzukommen.

Auf vielen Booten wird der Mastbeschlag für den Spinnakerbaum auf einem Schlitten gefahren. Auf anderen Booten kann der Spinnakerbaum in starre Augbeschläge eingepickt werden, die auf unterschiedlicher Höhe an der Vorderkante des Mastes sitzen.

In einigen Klassen ist nur ein Ringbeschlag für den Spinnakerbaum am Mast erlaubt. Da muß man sich entscheiden, ob man den Baum grundsätzlich waagerecht fahren will, um seine volle Länge auszunutzen, oder ob man gegebenenfalls auf diesen Vorteil verzichtet zugunsten waagerecht austarierter Schothörner. Meistens ist es wichtiger, daß die Schothörner gleich hoch gefahren werden. Dann muß der Spinnakerbaum eben entsprechend nach oben oder unten zeigen, wenn's mit dem einen Ringbeschlag nicht anders hinkommt.

Spinnaker im oberen Bereich

Die Fotos rechts zeigen den oberen Bereich eines Spinnakers in drei verschiedenen Situationen.

Auf dem oberen Bild fliegt der Spinnaker zu hoch. Das liegt entweder am Schnitt des Spinnakers oder daran, daß der Spinnakerbaum für diesen leichten Wind zu hoch gefahren wird. In der Mitte hängt der Spinnaker zu tief. Auch hier kann die Ursache am Schnitt oder am Spinnakerbaum liegen, der dann zu tief gefahren würde. Bei leichtem Wetter ist es sehr wichtig, leichte Schoten zu fahren und sie mit ganz leichten Beschlägen am Spinnaker anzuschlagen.

Foto unten: Bei einem korrekt gesetzten Spinnaker verläuft die Tangente an seine obere Wölbung etwa waagerecht. Das kann man vom eigenen Boot aus schwer erkennen. Am besten ist es, der Steuermann steigt auf ein anderes Boot um und sieht sich von außen an, was mit dem Spinnaker geschieht, wenn der Vorschoter verschiedene Schot- und Baumstellungen ausprobiert.

Richtig gesetzt, kann es sich lohnen, den Spinnaker am Fall nicht ganz zu blocks zu holen. Die Turbulenzen und Abwinde sind weniger schädlich, wenn man das Fall etwa 30 cm vorher belegt. Nur in ganz leichtem Wetter sollte das Spinnakerfall ganz durchgesetzt werden, da der Spinnaker sonst noch tiefer herabhängt. Und bei hartem Wind, wenn er stark hin- und herpendelt.

Führung der Spinnakerschoten

Normalerweise sollte der Spinnaker ganz hinten über das Heck geschotet werden. Dann ist die Zugkomponente auf die Seitenlieken am geringsten, und der Spinnaker steht sehr schön frei. Nur in sehr hartem Wetter sollten Schot und Achterholer weiter vorn gefahren werden. Der Spinnaker läßt sich dann besser kontrollieren. Er pendelt nicht mehr so stark hin und her.

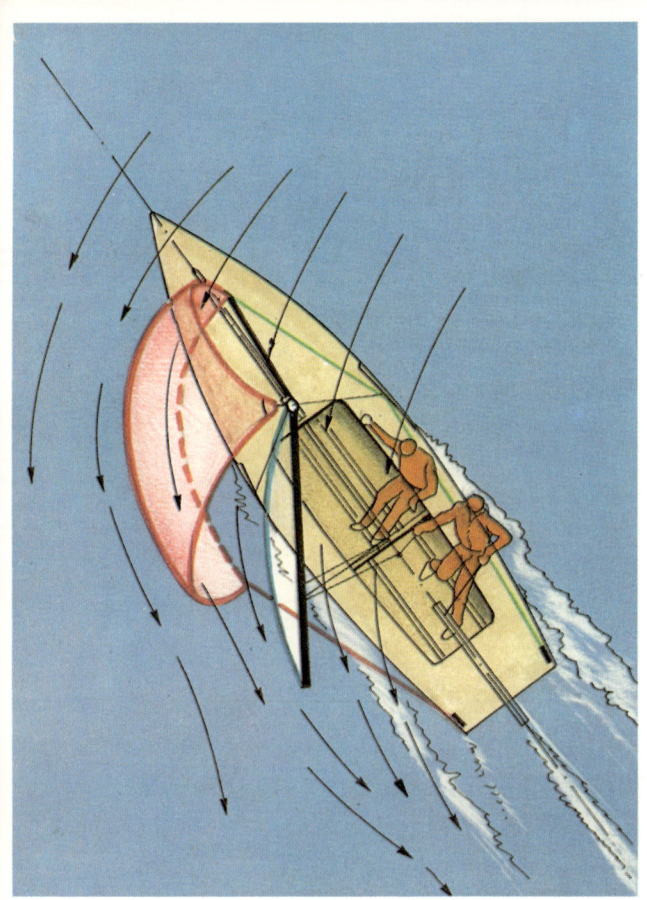
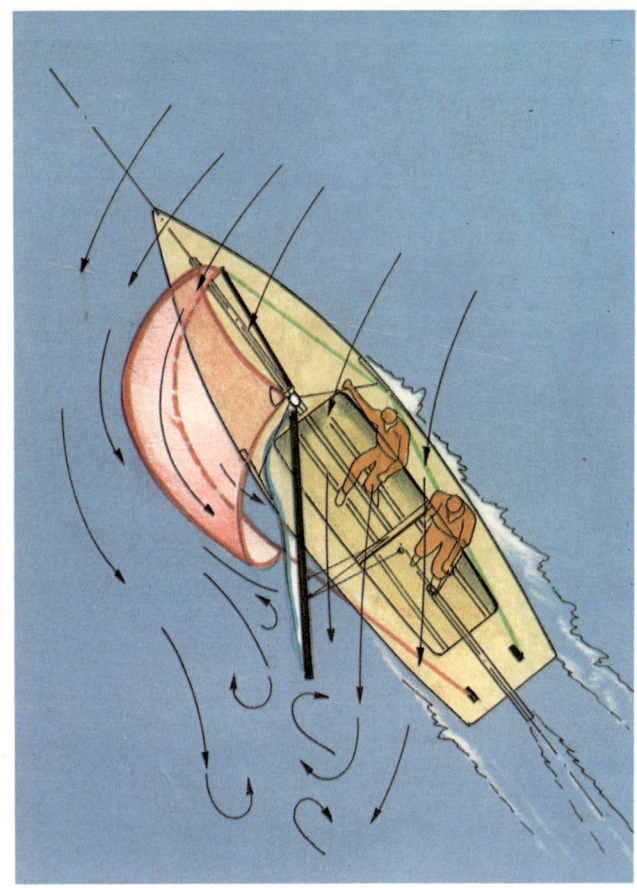

Auf spitzen Raumschotskursen muß
die Spinnakerschot nicht nur möglichst weit achtern, sondern auch
möglichst weit außen gefahren werden, damit das Leeliek des Spinnakers sich öffnet und gut frei vom
Großsegel kommt. Das ist wichtig,
denn auf einem spitzen Raumschotskurs strömt viel Luft durch
den Spinnaker nach Lee ab. Ist
sein Leeliek zu geschlossen oder
gar eingerollt, dann bekommt das
Großsegel zuviel Abwinde. Außerdem krängt das Boot dann stark,
womöglich läuft es sogar aus dem
Ruder und schießt in den Wind.

Spinnakerbaum-Toppnant und -Niederholer

Der Spinnakerbaum muß so fest wie möglich in seiner richtigen Lage gehalten werden. Nach vorn und achtern wird er vom Achterholer dirigiert. In seiner Höhe wird er vom Toppnant und vom Niederholer fixiert. Das Toppnant- und Niederholer-Arrangement muß so aussehen, daß der Baum schnell gesetzt und in seiner Höhe schnell und sicher verstellt werden kann. Das auf dieser Seite dargestellte System ist ein gutes Beispiel dafür.

Reck und Windwiderstand sollten in dem System nach Möglichkeit vermieden werden. Deshalb arbeitet man am besten mit einem dünnen Draht, der wie in der Zeichnung geschoren wird. Oben am Mast wird der Draht fest angeschlagen. Am Mastfuß wird er nach vorn umgelenkt (1). Eine Pressung wird so auf den Draht aufgebracht, daß sie vor der Umlenkscheibe im Mastfuß zu blocks kommt, wenn der Spinnakerbaum ausgebaumt ist.

Mit Hilfe der seitlich angebrachten Klemme kann der Baum in seiner Höhe verstellt werden. Damit der Draht nicht durch die Klemme rutscht, trägt er in diesem Bereich verschiedene Kugelpressungen.

Wird der Spinnakerbaum weggenommen, zieht ein Gummistropp (3) automatisch die Lose aus dem Draht, und er liegt stramm gegen den Mast.

Spinnakerschot-Material

Spinnakerschoten sollen so leicht wie möglich sein. Dann sind sie auch schön dünn — so dünn, daß man gerade eben mit ihnen umgehen kann. Leicht müssen sie sein, damit sie bei leichtem Wetter nicht die Lieken nach unten ziehen und die Luftströmung abwürgen. Dünn sollen sie sein, damit sie bei leichtem Wetter reibungsarm und leichtgängig laufen.

Wenn es aufbrist, zieht man besser Handschuhe an, statt die dünnen Schoten gegen dickes Tauwerk auszutauschen.

Die Schoten sollten Markierungen tragen, damit man sie schon vor einer Halse so festsetzen kann, daß der Spinnaker nach der Halse sofort richtig steht. Das ist vor allem wichtig, wenn auf die Halse ein Raumschotskurs folgt. So lohnt es sich zum Beispiel, die Spinnakerschoten unmittelbar bei ihren Klemmen zu markieren, wenn sie als Achterholer gefahren werden und der Spinnakerbaum dabei gerade eben das Vorstag berührt. Kurz vor einer Halse kann man dann die jeweilige Schot an dieser Markierung festsetzen und nach der Halse steht sie als Achterholer automatisch richtig.

Ähnliche Markierungen in anderer Farbe kennzeichnen die Schotpositionen für eine Vormwind-Halse mit weiter hinten gefahrenem Baum. Um Mißgriffe zwischen Schoten und Streckern zu vermeiden, hat sich Tauwerk in verschiedenen Farben bewährt. Am besten fährt man eine Endlos-Schot. Dann gehen die Schotenden nicht verloren.

Spitzer Raumschotskurs unter Spinnaker

Nicht der Stand des Spinnakers entscheidet, wie lange er hoch am Wind noch gefahren wird, sondern sein Zug.

Dabei kommt es auf den Schnitt des Segels an, und deshalb muß man jedes Segel unter den verschiedensten Bedingungen ausprobieren und die Ergebnisse sorgfältig notieren.

Allgemein kann man sagen, daß der Spinnaker weggenommen werden sollte, sobald das Großsegel wegen der Abwinde ganz dichtgenommen werden muß. Und zwar selbst dann, wenn der Spinnaker noch vollsteht (siehe Foto).

Bei hartem Wetter lohnt es sich immer, vor dem Wind den Spinnaker hochzuziehen. Hauptsache, der Vorschotmann kommt mit ihm klar. Wird nur das Vorsegel ausgebaumt, ist das Boot auf jeden Fall langsamer. Selbst Kielboote in Rumpfgeschwindigkeit fahren mit Spinnaker besser als ohne. Denn wenn der Wind etwas nachläßt, was selbst im härtesten Wetter immer wieder vorkommt, sind sie gegenüber der spinnakerlosen Konkurrenz im Vorteil. Außerdem sind unter Spinnaker die Chancen größer, auf einer Welle ins Surfen zu kommen.

Spinnakerschot-Bedienung

Das Spinnakerfahren ist keine Zauberei. Es ist nicht angeboren. Man kann es lernen, leicht sogar. Und schließlich: Übung macht den Meister.

Der Spinnaker ist ein wenig wie eine Frau: Man muß sich ständig und mit Ausdauer um ihn kümmern, und man muß genau wissen, wie weit man gehen kann! Wenn man ihn vernachlässigt oder zu hart an die Kandare nimmt, dann versagt er einem die Gunst und arbeitet nicht richtig. Aber wenn du ihn mit Gefühl und Zuneigung behandelst, dann hast du einen Kameraden, der jede Konkurrenz abblitzen läßt.

Um alles aus dem Segel herauszuholen, muß man ständig mit den Schoten spielen und immer wieder den Punkt finden, an dem das Luvliek ein klein wenig mit dem Ohr wackelt (siehe Foto). An diesem kritischen Punkt ist der Spinnaker kurz vorm Einfallen, und deshalb darf der Vorschotmann ihn nicht einen Moment aus dem Auge lassen. Damit der Vorschoter besser sieht, was los ist, sollte der Spinnaker hier Kontrastfarben haben.

Man kann es sich auch leichtmachen und die Schoten einfach ein wenig dichter fahren. Dann steht der Spinnaker ruhig, er sieht fabelhaft aus und ist immer prall voll Wind. Aber der Schein trügt. Ein Spinnaker zieht viel besser, wenn er auf der Kippe gefahren wird (siehe Foto).

Dieser Spinnaker steht gerade auf der Kippe. Ein gut geschnittener Spinnaker wird jedoch nicht in sich zusammenfallen, bevor nicht ein großer Bereich des Luvlieks einfällt. Der Vorschotmann hat also reichlich Zeit, mit den Schoten zu spielen und den Stand des Spinnakers vorsichtig zu korrigieren.

Verhalten in Böen

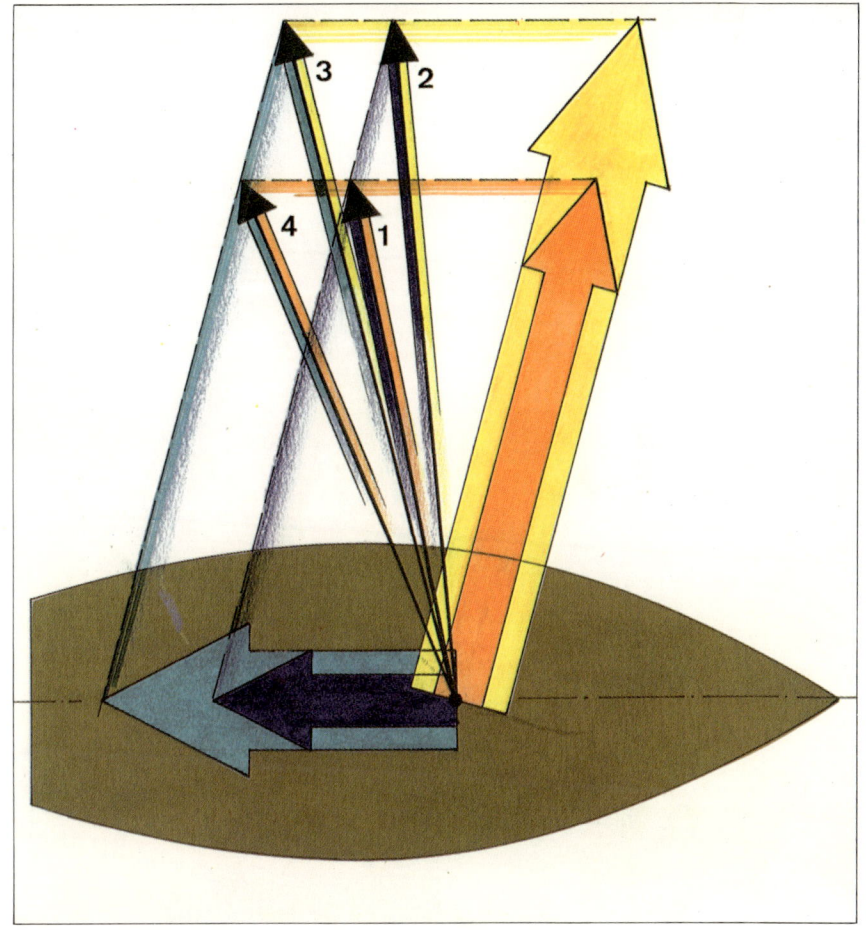

Der Wind ändert sich laufend, und der Spinnaker ist ein großes Segel, das viel bringt. Deshalb ist ein Boot, dessen Spinnaker immer genau auf der Kante gefahren wird, einem anderen mit weniger guter Spinnakerarbeit weit überlegen.

Das Diagramm zeigt, was passiert, wenn das Boot voll in eine Bö segelt. Der orangefarbene Pfeil bezeichnet den wahren Wind. Der dunkelblaue Pfeil ist der Fahrtwind. Beide addieren sich zum Pfeil (1), dem scheinbaren Wind. Nach ihm richtet sich der Spinnaker. Fällt eine Bö ein, dann wird der wahre Wind stärker. Das ist der gelbe Pfeil. Die Bootsgeschwindigkeit ist noch unverändert (dunkelblauer Pfeil), so daß der scheinbare Wind jetzt auf (2) anwächst und etwas voller einfällt. Also besteht die erste Reaktion auf die Bö darin, die Schot etwas zu fieren.

In der Bö wird das Boot jedoch schneller, und damit wächst der Fahrtwind (hellblauer Pfeil). Der scheinbare Wind kommt jetzt wieder etwas vorlicher (3), und die Schot muß wieder etwas dichtergenommen werden.

Läßt die Bö nach (orangefarbener Pfeil), dann bleibt es noch für eine Weile bei der erhöhten Geschwindigkeit und dem entsprechend erhöhten Fahrtwind (hellblauer Pfeil). Der scheinbare Wind kommt also noch vorlicher, die Schot muß noch dichter genommen werden.

Schließlich paßt sich die Geschwindigkeit dem leichter gewordenen Wind wieder an, der scheinbare Wind entspricht wieder dem Pfeil (1), und die Schot kann wieder etwas gefiert werden. Zusammengefaßt sind also folgende Reaktionen auf eine durchziehende Bö erforderlich:
Leicht auffieren (2).
Für die Dauer der Bö Schot dichter (3).
Schot noch etwas dichter (4).
Auffieren, wenn das Boot langsamer wird (1).

Sind Steuer- und Vorschotmann gut aufeinander eingespielt, kann man diese Prozedur auch abwandeln, indem das Boot etwas voller segelt, sobald die Bö einfällt, und anluvt, solange sie durchzieht (siehe Seite 122). Durch diese Kursänderungen erübrigen sich die größeren Schotkorrekturen.

Wenn es sehr böig ist, muß man in den Böen vielleicht sogar den Achterholer etwas fieren und danach wieder dichternehmen.

Alte und neue Spinnaker

Ein alter Spinnaker (Bild links) sollte nur noch bei leichtem Wetter gefahren werden. Grundfalsch wäre es, einen neuen Spinnaker zu schonen, indem man für hartes Wetter noch den alten nimmt. Der alte wird restlos vertrimmen und überhaupt nicht ziehen (siehe Seite 40).

Oft hat ein neuer Spinnaker zu offene Seitenlieken und ist deshalb zu flach. Deshalb sollte er zunächst nur bei hartem Wetter gefahren werden. Dann wirft er weniger Abwind ins Großsegel, und das Boot segelt aufrechter. Beachten Sie, wie der Spinnaker breite Schultern macht und zwischen ihnen viel zu flach ist.

Das Trapez

Ein Trapez funktioniert am besten, wenn das Hakensystem einfach und narrensicher ist. Wichtig ist es, daß man das Trapez mit einer Hand einpicken kann, so daß die andere Hand des Vorschotmannes frei bleibt für die Schot. Deshalb muß der Trapezgurt einen starren Haken haben.

Auf dem Foto links oben ein schlechtes Beispiel. Um das Trapez in diesen Gurt einzupicken, braucht man beide Hände. Die eine muß den Haken am Gurt hochhalten, die andere den Trapezdraht einhängen. In irgendeinem entscheidenden Moment kann der Vorschoter mit diesem lose herabbaumelnden Haken außerdem noch irgendwo am Boot hängenbleiben.

Schließlich hat dieser Gurt keine Schulterriemen, und obendrein sitzt er zu hoch. Die ganze Last drückt auf die Nieren. Wer mit einem solchen Gurt im Trapez steht, spürt nicht nur Schmerzen, sondern kann sogar dauernde Schäden davontragen. Einen guten Trapezgurt zeigen wir rechts oben und in der Mitte links. Der starre Haken sitzt auf einer Metallplatte fest. Die Hosenträger-Riemen unterstützen Rücken und Schultern. Der Schrittgurt hält den Haken und den eigentlichen Trapezgurt fest am Platz. Die Schultergurte sind in der Länge verstellbar.

Rechts in der Mitte und rechts unten ein typischer Trapezdraht mit Griff und Zweilängen-Ring. Die Höhe des Ringes kann durch den Stopper auf dem Draht im Block verändert werden. An dem Nylonbändsel fährt unter Deck ein lan-

ger Gummistropp, der den Trapezdraht strammzieht, wenn er nicht benutzt wird. Dieses System ist einfach und hat nur wenig Windwiderstand. Das ist wichtig, denn in Lee hängt der Draht genau in der Düse. Mit einer kleinen Untersetzung zwischen Ring und Draht könnte man die tragende Länge beliebig variieren. Dann kann die Länge des Trapezdrahtes zwar leichter auf unterschiedlich gebaute Vorschotleute eingestellt werden, doch das kompliziert die Sache und verursacht auch mehr Windwiderstand.

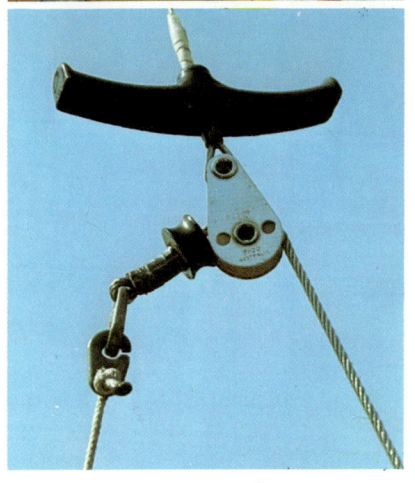

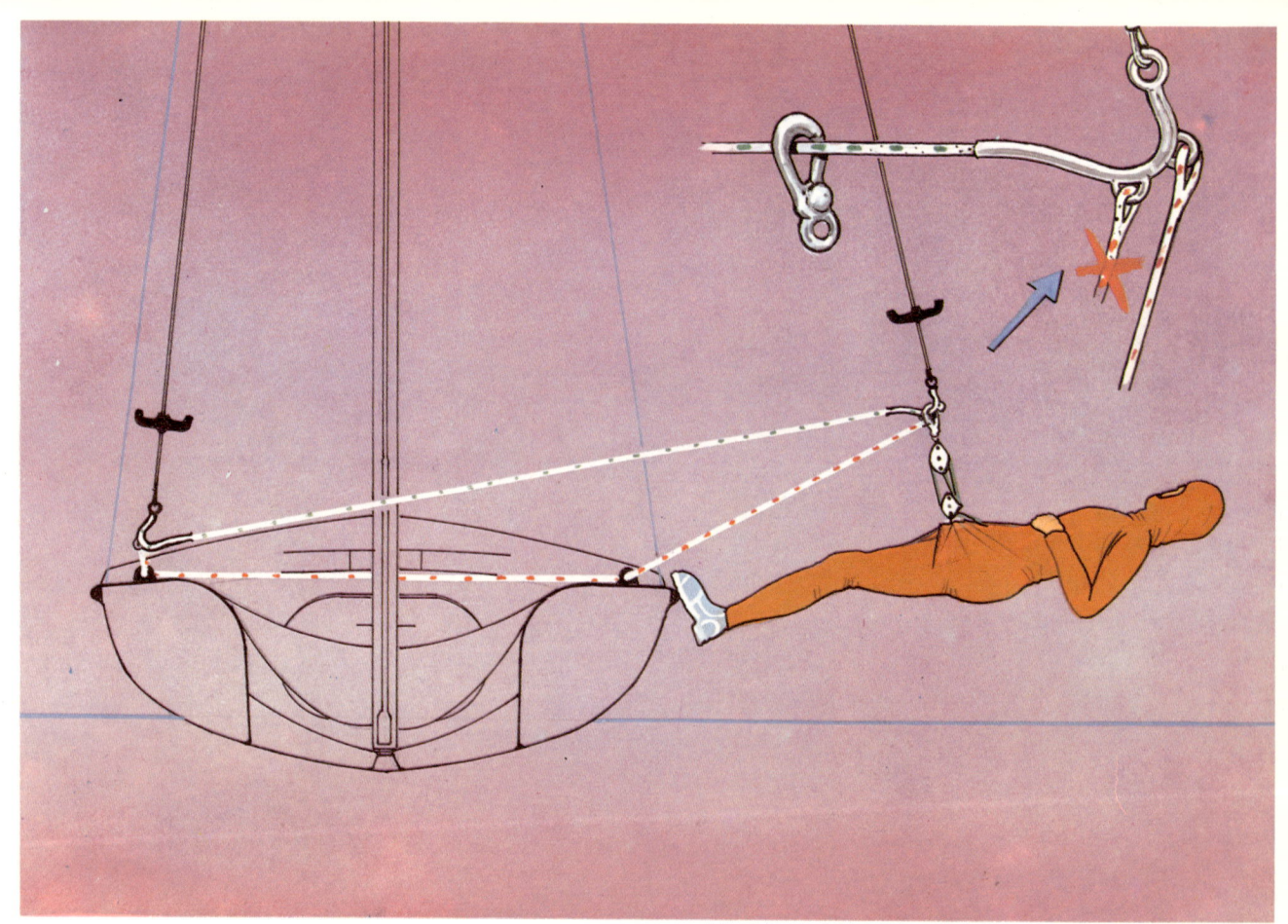

Oben zeigen wir ein endloses Trapezsystem. Der Vorschotmann braucht sich in einer Wende nicht mehr loszuhaken. Das spart Zeit. Doch wenn die Sache funktionieren soll, müssen die Einzelteile sehr sorgfältig gearbeitet sein.

Die Detailzeichnung zeigt, wie die beiden Haken geformt und wie sie womit verbunden sind. Die hohlen Haken sind durch einen Gummi-stropp miteinander verbunden, der im Innern der Rohre befestigt wird.

Der Karabinerhaken wird an einer Talje gefahren, die am Trapezgurt hängt und eine Höhenverstellung ermöglicht. Der Karabiner (es kann auch ein kleiner Block sein) läuft auf dem Gummistropp und automatisch in die Kehle des Stahlhakens am Ende. Der Trapezmann hat beide Hände frei für die Schot.

Der Gummistropp, der den nicht benutzten Trapezdraht strammzieht, muß an der Seite und nicht an der Unterkante des Trapezhakens angeschlagen werden (siehe Detailzeichnung). Auf diese Weise zeigt der Haken immer etwas nach oben, und der Karabiner kann nicht aus Versehen abrutschen.

Checkliste vorm Start

Es ist sehr wichtig, rechtzeitig vorm Startschuß an der Startlinie zu sein. Man muß vorher unbedingt ein paar Schläge gegen den Wind segeln, um die Windrichtung und das Muster der Windpendlungen zu erfassen. Und dann, etwa eine Viertelstunde vor dem Start, ist es an der Zeit, die richtige Einstellung des Bootes für die vorherrschenden Bedingungen noch einmal zu überprüfen. Diese Überprüfung wird von Boot zu Boot anders aussehen. Zum Abschluß als Anregung eine Checkliste für das, was man ein Durchschnittsboot nennen könnte:

(1) Vorliekstrecker?

(2) Großsegel-Unterliekstrecker?

(3) Genuafall-Spannung (oder Mastfall)?

(4) Traveller?

(5) Wantenspannung?

(6) Vorschot-Holepunktpositionen?

(7) Spinnaker klar zum Setzen?

(8) Beide Spinnakerschoten klar?

(9) Lenzer frei, Bilge trocken? (Lenzer lecken immer etwas, also muß man darauf achten, daß sie vorm Start gut geschlossen sind und die Bilge trockengewischt ist, um im Start kein unnötiges Gewicht mitzuschleppen)

(10) Müssen wir Schwimmwesten anlegen oder Handschuhe anziehen?

(11) Sind Trapezdraht und Trapezgurt richtig eingestellt?

(12) Welche Bahn wird gesegelt?

(13) Kurs zur Luvtonne?

(14) Welche Seite der Startlinie ist begünstigt?

(15) An welcher Seite kreuzen wir auf?

(16) Hat sich nichts an Schwert und Ruder verfangen?

(17) Sind Schwert und Ruder richtig eingestellt?

Auf Kielbooten lohnt es sich, ein paar Meter über den Achtersteven zu segeln, um sicherzugehen, daß sich an Kiel und Ruder nichts verfangen hat.

Bücher über interessante Themen:

Joachim Schult
Manöver mit Jollen
Ein Handbuch für die Segelpraxis

Ein schnelles Boot zu haben, ist herrlich. Wenn man es dazu auch noch bei den Manövern – auch den schwierigsten – vollkommen beherrscht, macht das Segeln noch mehr Spaß. Dieses Buch beschäftigt sich mit allen nur denkbaren Manövern und geht dabei auch auf das Verhalten des scheinbaren Windes während der Manöver ein. Es ist ein außerordentlich aufschlußreiches Buch, das jeden angeht, der mehr können möchte als bloßes Herumschippern.

152 Seiten mit 8 Fotos und 175 Zeichnungen, farbiger Einband DM 19,80

Wettfahrtregeln in Bildern
Wettsegelbestimmungen der IYRU

Dieses Buch macht seine Leser auf leicht verständliche Weise mit den Wettfahrtregeln vertraut. An den zeichnerischen Darstellungen erkennt man sofort, worauf es ankommt. Neben den Ausweich- und Wegerechtsregeln werden auch die Begriffsbestimmungen, das Verhalten während der Wettfahrt, der Start, das Absegeln der Bahn und Proteste erläutert.

104 Seiten mit 77 Zeichnungen, broschiert DM 9,80

Alan Watts
Wolken und Wetter
24 farbige Wolkentafeln zur kurzfristigen Wettervorhersage

Wie wird das Wetter morgen oder am nächsten Wochenende? Vor dieser Frage steht man als Segler immer wieder. Mit Hilfe des Wolkenbildes und der Wolkenbildung läßt sie sich mit einiger Sicherheit beantworten. An Hand farbiger Wolkentafeln zeigt der fachkundige Autor hier, wie man die Wetterentwicklung an der Art der Bewölkung ablesen kann.

64 Seiten mit 24 farbigen Wolkentafeln und 3 Zeichnungen, gebunden DM 13,80

Kaj Lund
Fancywork
Spielereien mit Tauwerk

Zierknoten sind die Krönung im Umgang mit Bändseln und Leinen. Sie zu machen ist eine angenehme Beschäftigung in Stunden der Flaute oder zu harten Wetters. Sie anfertigen zu können, lehrt dieses Buch. Ausführliche Beschreibungen und viele Bilder machen es zu einer Fundgrube für Leute mit Sinn für spielerischen Zeitvertreib.

144 Seiten mit 255 Abbildungen, Ganzleinen DM 19,80

Alle Bücher sind über den Buchhandel zu beziehen

 Delius, Klasing+Co Bielefeld

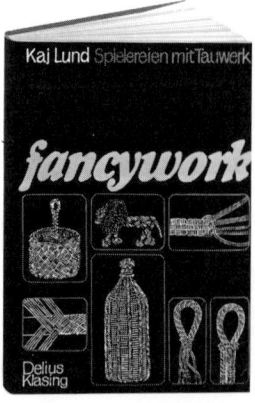